중국어 명대사 필사집

작품의 감동을 명대사로

명대사 필사로 중국어 공부를

김소희 편저

동양북스

명대사 필사,
중국어를 나의 언어로 길들이는
우아하고도 확실한 방법

2025년 2월, 대만 배우 서희원이 하늘의 별이 되었습니다. 그리고 그해 7월, 대만 F4의 데뷔 25주년 재결합 무대가 있었지요. 저에게는 참으로 애틋하고도 특별한 소식들이었습니다. 그때마다 오래전에 보았던 대만 드라마 〈유성화원〉을 떠올리게 되었지요. 오늘의 저를 있게 한 '도화선'이 되어준 작품이거든요.

저는 처음부터 중국어를 사랑하는 학생은 아니었습니다. 부모님의 권유로 중어중문학과에 들어갔을 뿐, 강의실에서의 저는 언제나 '꿔다 놓은 보릿자루' 같은 신세였어요. 배움의 이유도, 재미도 찾지 못한 채 강의실만 들락날락하던 시기가 있었습니다. 그러다 우연히 보게 된 〈유성화원〉은

제 인생을 180도 바꿔놓았습니다. 산차이 역의 서희원을 보며 난생처음 '나도 저렇게 중국어를 하고 싶다'는 간절한 욕망이 생겼고, F4를 보면서 중국어와 중화권 콘텐츠라는 거대한 바다에 뛰어들었죠.

그날 이후 제 일상은 온통 중국어로 채워졌습니다. 눈만 뜨면 드라마를 틀어두다 못해 드라마를 음성 파일로 녹음해 밤낮없이 듣기도 했어요. 그런데 순수한 애정으로 시작된 이 뜨거운 덕질은 생각지 못한 보상으로 돌아왔습니다. 재미없게만 느껴졌던 교재 속 문장들이 일순간 생생하게 살아나던 그 느낌! 아, 얼마나 신기하던지요. 그 경험은 고스란히 중국어 실력이라는 값진 선물이 되었습니다.

좋아하는 마음이 쌓이자 자연스럽게 길이 열렸습니다. 명대사를 기록하며 중화권 이야기를 공유하던 취미는 저를 외국어 분야 파워 블로거로 만들었고, 한중 합작 드라마와 영화의 시나리오를 한국어로 옮기는 번역가의 길로 안내했지요. 드라마를 보며 혼자 받아 적었던 대사 노트는 중국어 회화책으로 탄생했고, 이후 출판 번역가가 되어 또 하나의 인생작 〈상견니〉의 한국어판 출판물을 모두 맡아 번역하는 영광을 누리기도 했습니다. '덕후'가 되어 '덕질'을 하다 자연스레 '성덕'이 된 소중한 궤적입니다.

『중국어 명대사 필사집』은 저의 그 모든 시간을 꾹꾹 눌러 담아 큐레이션한 결과물입니다. 장이머우 감독의 〈인생〉처럼 시대를 초월해 사랑받는 명작부터 〈태양을 보지 않았다면〉 같은 최신작까지, 풋풋한 청춘 로맨스부터 묵직한 사회 고발 작품까지, 시대와 장르를 아우르며 인상 깊었던 작품들과 마음에 남았던 대사들을 엄선했습니다. 현대 중국어를 학습하는 분들에게 실질적인 도움을 드리고자 현대극 위주로 작품을 골랐으며, 고장극에 대한 아쉬움은 부록의 추천 작품 리스트로 채웠습니다.

명대사 필사는 단순히 글자를 베껴 적는 행위가 아닙니다. 작품의 감동을 다시 곱씹고, 중국어를 나의 언어로 길들이는 아주 우아하고도 확실한 방법이지요. 대사를 한 글자씩 써 내려가다 보면, 어느새 문장은 마음에 새겨지고 어휘는 머리에 남게 될 것입니다. 중국어 명대사 필사를 통해

딱딱하던 중국어가 '마음의 문장'이 되는 마법이
여러분에게 펼쳐지기를 진심으로 기원합니다.

2026년의 문턱에서

김소희(차라) 드림

중화권 콘텐츠 덕후의 큐레이션

- 책에 수록된 작품 70편은 저자의 인생작에서 세심히 선별한 리스트입니다.

- 다양한 장르와 시대의 중국·대만 드라마와 영화를 만날 수 있습니다.

TIP 본 적 없는 낯선 작품이라면?

작품 줄거리와 감상 포인트를 담은 작품 소개가 준비되어 있습니다. 서비스 중인 OTT 정보를 참고해 필사 전 혹은 필사 후 작품을 감상하는 것도 추천합니다.

중국어 초고수의 세심한 가이드

- 작품마다 나누고 싶은 명대사를 저자가 직접 고르고 새롭게 번역했습니다.

- 명대사의 난도와 분량을 고려해 각 장마다 쉬운 명대사부터 배치했습니다.

TIP 중국어 실력에 자신 있다면?

꼭 책 순서대로 필사하지 않아도 됩니다. 목차를 훑어보고 좋아하거나 평소 궁금했던 작품을 고른 뒤 해당 작품의 명대사부터 필사하면 책 한 권 필사도 뚝딱입니다.

필사와 외국어 공부를 한 번에

- 명대사 원문에는 중국어 가독성이 좋은 Fangsong 서체를 썼습니다.

- 명대사의 뜻을 깊이 이해하고 필사할 수 있도록 주요 단어를 정리했습니다.

- 필사 공간을 넉넉히 마련해 명대사 반복 필사와 통암기가 가능하게 했습니다.

TIP 중국어 문법 기초가 부족하다면?

중국어 초보자 필독서인 『가장 쉬운 독학 중국어 첫걸음』을 함께 보면 좋습니다.

일러두기

- 중국어 공부에 적합하도록 대만 작품의 명대사와 정보 일체는 간체자로 표기했습니다.
- 중국어 명대사의 번역문은 저자가 모두 새롭게 옮겼으며, 의역을 우선했습니다.
- 외래어표기법을 따르되 주연 배우의 이름은 독음을 병기했고, 극 중 이름은 OTT 표기대로 반영했습니다.
- 작품 소개에 실린 방영 및 개봉 연도는 현지를 기준으로 표기했습니다.
- 작품 소개에 실린 OTT 정보는 2026년 2월 기준이며, 추후 바뀔 수 있습니다.

차 례

1장 드라마

청춘물부터, 장르물, 사회 고발물까지
다채로운 중화권 드라마의 세계로 초대합니다

2장 영화

**가슴속에 강렬한 여운을 남길
중화권 영화의 세계로 초대합니다**

我听说，人本身就是一瞬间长大的，

别人都不知道，

只有你知道的那一瞬间。

드라마

학창 시절부터 성인기까지의 긴 서사를

촘촘하게 그려내는 청춘물부터

특정 소재를 정교하게 풀어낸 장르물,

사회 문제를 날카롭게 파고든 고발물까지

다채로운 중화권 드라마의 세계로 초대합니다

상견니

想见你

연인 왕취안성이 세상을 떠난 뒤, 황위쉬안은 지독한 그리움을 안고 살아간다. 그러던 어느 날, 익명으로 배달된 카세트 플레이어와 테이프를 통해 1998년이라는 낯선 시간 속에서 깨어난다. 자신과 똑 닮은 여고생 천윈루의 몸이 되어 제일 처음 마주한 사람은, 그토록 그리워하던 연인 왕취안성과 똑같이 생긴 소년 리쯔웨이다. 기막힌 운명의 굴레에 갇힌 그들은 서로를 되찾을 수 있을까. 뫼비우스의 띠처럼 뒤얽힌 시공간의 미로를 헤매며 '네가 보고 싶다(想见你)'는 간절한 염원으로 시간을 거슬러 가는 두 남녀의 이야기가 시리도록 애절하게 펼쳐진다.

감독 : 황텐런
주연 : 쉬광한 (허광한), 커자옌 (가가연), 스보위 (시백우)
방영 : 2019년
장르 : 판타지, 로맨스, 미스터리
OTT : Disney+

⁵ 훌륭한 연출, 탄탄한 스토리, 배우들의 소름 돋는 1인 2역 연기, 그리고 감성을 자극하는 OST까지 '모든 것이 완벽했다'는 찬사를 받은 웰메이드 드라마다. 한국에서도 수많은 '상친자(상견니에 미친 자)'를 탄생시키며, '한국판 상견니'인 리메이크작 〈너의 시간 속으로〉가 제작되기도 했다.

TMI 드라마에서 타임슬립의 매개체가 된 노래 'Last Dance'는 드라마 인기에 힘입어 대만 음원 차트를 휩쓸며 역주행 신화를 기록했다. 지금도 수많은 상친자들은 도입부 '쏘이장쓰 쟝니옌징~'만 들어도 눈물샘이 터진다고.

只有你想见我的时候，
我们的相遇才有意义。

时候 [shíhou] 때 | 我们 [wǒmen] 우리

只有 [zhǐyǒu] 오직 ~해야만 | 你 [nǐ] 너

想 [xiǎng] ~하고 싶다 | 见 [jiàn] 보다, 만나다 | 我 [wǒ] 나

时候 [shíhou] 때 | 我们 [wǒmen] 우리

오직 네가 날 보고 싶어 할 때만

우리 만남은 의미가 있어.

相遇 [xiāngyù] 만나다 | 才 [cái] 비로소, 그제야

有 [yǒu] 있다, 가지다 | 意义 [yìyì] 의미, 의의

너를 좋아해:
투투장부주

偷偷藏不住

어느 날, 어린 쌍즈의 마음속에 오빠의 친구 돤자쉬가 자리 잡는다. 친동생 대하듯 자신을 챙겨 주던 돤자쉬는 친오빠보다 더 다정한 보호자였다. 말 못 할 짝사랑을 이어가던 쌍즈는 어느덧 대학생이 되어 낯선 도시에서 운명처럼 돤자쉬를 다시 만난다. '오빠의 친구'라는 견고한 벽, 그리고 돤자쉬의 고단한 개인사와 삶을 쌍즈는 진심으로 보듬어나간다. 원제처럼 '감추려 해도 끝내 감출 수 없었던(偷偷藏不住)' 사랑이 두 사람에게 닿아 진정한 사랑으로, 찬란한 성장으로 완성되는 이야기다.

일명 주이(竹己, 팬들에게는 '죽이'로 통한다) 작

감독 : 리칭룽
주연 : 자오루쓰(조로사), 천저위안(진철원)
방영 : 2023년
장르 : 로맨스, 청춘
원작 : 주이 동명 웹소설
OTT : Coupang Play, Netflix, TVING, WATCHA, Wavve

가의 '난우 3부작(가상의 도시 '난우'를 배경으로 한 세 편의 작품)' 중 하나로, 솜사탕처럼 달달한 스토리에 예쁜 영상미가 어우러져 시선을 끌었다. '이 작품으로 중드에 입문했다'는 평이 많았을 만큼 국내 팬들에게 큰 사랑을 받으며, 호불호 없는 '청정 드라마'로 입소문이 났다. 복잡한 갈등 구조 없이 전개되는 이야기를 찾는 분들에게 추천한다.

TMI 드라마에서 쌍즈가 돤자쉬를 부를 때 썼던 호칭 '거거(哥哥, 오빠)'와 '자쉬거(嘉许哥, 자쉬 오빠)'가 특유의 애교 섞인 톤으로 엄청난 화제가 되며 이 드라마의 최대 유행어가 되었다. 드라마 방영 당시, '거거' 영상 모음집이 틱톡 등 SNS에서 도배되기도 했다.

我没有什么别的能够给你的，
只有六个字，
'一辈子，一个人'。

没有 [méiyǒu] 없다 ㅣ 什么 [shénme] 무엇, 어떤

别的 [biéde] 다른, 그 밖의 ㅣ 能够 [nénggòu] 충분히 ~할 수 있다

给 [gěi] 주다 ㅣ 只有 [zhǐyǒu] 오직 ~뿐이다

내가 너에게 줄 수 있는 건,

이 여섯 글자뿐이야.

'평생, 단 한 사람'.

六 [liù] 여섯, 6 | 字 [zì] 글자

一辈子 [yíbèizi] 한평생 | 一个人 [yí gè rén] 한 사람

난홍

难哄

주이 작가의 '난우 3부작' 중 하나이자 〈너를 좋아해: 투투장부주〉의 스핀오프작이다. (쌍즈의 오빠 쌍옌이 남자 주인공으로 등장한다.) 방영 직후 중드 팬들 사이에서 뜨거운 반응을 얻으며 2025년 최고의 화제작으로 등극했다. 특히 쌍옌 역을 맡은 배우 바이징팅의 외모와 섬세한 연기 덕에 '쌍옌 앓이'를 하는 팬들이 많았다.

아버지의 죽음과 가족과의 갈등을 겪으며 마음을 닫아버린 원이판. 그녀에겐 고교 시절 첫사랑이었던 쌍옌의 고백을 모질게 밀어냈던 기억이 있다. 긴 시간이 흘러 다시 만난 두 사람은 뜻하지 않게 동거를 시작한다. 첫사랑의 상처 때문에 쌍

감독 : 취유닝
주연 : 바이징팅 (백경정), 장뤄난 (장약남)
방영 : 2025년
장르 : 로맨스
원작 : 주이 동명 웹소설
OTT : Netflix

옌은 차가운 말투로 원이판에 대한 마음을 감춘다. 과거의 오해 속에서 닿을 듯 말 듯 감정의 줄다리기가 이어가지만, 결국 쌍옌의 묵묵한 사랑은 원이판의 마음을 녹인다. 트라우마와 회복, 그리고 서로 다른 색이 스며들듯 서로에게 천천히 물들어 가는 두 사람의 이야기가 위로를 선사한다.

TMI 〈너를 좋아해 : 투투장부주〉의 쌍옌과 〈난홍〉에서의 쌍옌은 각각 다른 배우가 연기했다. 〈난홍〉의 쌍옌으로 바이징팅이 캐스팅되었을 당시 '투투장부주와 연결감이 떨어진다'는 우려가 있었으나 방영 후 압도적인 연기력과 비주얼, 완벽한 싱크로율로 논란을 완전히 잠재웠다.

你还没发现吗？
这么多年…
我还是… 只喜欢你。

还 [hái] 아직, 여전히 | 没 [méi] ~하지 않았다

发现 [fāxiàn] 발견하다, 눈치채다 | 这么 [zhème] 이렇게

아직도 모르겠어?

그 오랜 시간 동안…

난 여전히… 너 하나만 좋아했어.

多 [duō] 많다 | 年 [nián] 해, 년 | 还是 [háishi] 여전히

只 [zhǐ] 오직 | 喜欢 [xǐhuan] 좋아하다

불면일 :
잠들 수 없는 하루

不眠日

자정이 되면 시간은 리셋되고 다시 같은 날이 반복된다. 그리고 그 루프데이는 다섯 번이 반복되고 나서야 끝이 난다. 〈불면일〉은 어느 날 갑자기 타임루프에 갇힌 '딩치'의 이야기다. 훗날 형사가 된 딩치는 루프데이가 시작되면, 다섯 번째 날이 되기 전에 범인을 찾기 위해 숨가쁜 사투를 벌인다. 그러나 치밀한 두뇌와 특별한 능력까지 갖춘 살인범이 등장하며, 수사는 계속 난관에 봉착한다. 딩치와 살인범의 숨막히는 추격전은 누구의 승리로 막을 내리게 될까?

드라마라기보다는 16부작짜리 세련된 홍콩 느와르 영화를 보는 듯한 리얼리티가 특징이다. 타

감독 : 류장무
주연 : 바이징팅(백경정), 원융산(문영산), 쑹양(송양)
방영 : 2025년
장르 : SF, 액션, 범죄
원작 : 장샤오마오 소설 『타임루프 수사팀(逆时侦查组)』
OTT : Netflix, TVING, WATCHA, Wavve

임루프에 액션이 더해진 작품으로, 방영 직후 '타임루프물의 새로운 지평을 열었다'는 극찬을 받았다. 특히 주연을 맡은 바이징팅은 목이 붉어지고 핏대까지 솟는 연기력으로 호평을 받으며 이미지 변신에 성공했다.

TMI 극 중 배경이 된 '화오시(华澳市)'는 가상의 도시로, 이곳은 중국 본토+홍콩+마카오의 요소를 결합해 만든 도시라고 한다. 풍경이나 언어적 요소는 홍콩 색이 짙어 광둥어 대사가 많이 등장하며, 행정 시스템이나 사회 구조는 본토에 가깝다.

时间就是命。

每1秒、每0.01秒都可能是命。

时间 [shíjiān] 시간 | 就是 [jiùshì] 바로 ~이다

命 [mìng] 운명, 목숨 | 每 [měi] 매~, ~마다

시간은 곧 운명이야.

1초, 0.01초에도 모든 게 달라질 수 있어.

秒 [miǎo] 초 | 都 [dōu] 모두

可能 [kěnéng] 가능하다

불구선량적아문

不够善良的我们

여기 같은 날 태어난 두 여자, 젠칭펀과 레베카가 있다. 아내이자 한 아들의 엄마로서 평범하지만 안정된 삶을 살아가던 젠칭펀, 그녀는 반복되는 일상이 권태로워 자극이 될 만한 '가상의 적'을 찾기 시작한다. 그 타깃은 바로 남편의 과거 연인이었던 레베카.

젠칭펀은 소셜 미디어를 통해 레베카의 필터링된 싱글 라이프를 몰래 훔쳐보며 묘한 질투와 열등감을 느낀다. 그러나 레베카에게는 독립적인 삶 뒤에 가려진 또 다른 고독과 결핍이 있다. 그러던 어느 날, 운명처럼 서로를 마주하는 두 사람. 과연 운명은 두 사람을 어디로 데려갈까.

감독: 쉬위팅
주연: 린이천(임의신), 쉬웨이닝(허위녕)
방영: 2024년
장르: 로맨스, 심리
OTT: TVING, WATCHA, Wavve

　　원제 '불구선량적아문'은 직역하면 '충분히 선량하지 못한 우리'라는 의미다. 쉬위팅 감독은 서로의 욕망과 결핍을 비추는 두 여자의 삶을 통해 인간 본성의 밑바닥을 섬세하게 포착한다. 자신의 욕망을 위해서라면 '충분히 선량하지 못한' 우리의 진짜 모습을. 자신이 해온 선택의 결과들을 반추하며, 가지 않은 길을 서늘하게 응시하던 젠칭펀과 레베카의 두 눈이 잊히지 않는다.

TMI　두 주연 배우 린이천과 쉬웨이닝은 2005년 레전드 대만 드라마 〈장난스런 키스(惡作劇之吻, 악작극지문)〉에서도 사랑의 라이벌로 만난 적이 있다. 당시 20대 초반이었던 두 배우가 40대의 모습으로 다시 라이벌 연기를 펼쳤다.

人性是不是很滑稽，
没有得到，
永远更迷人。

人性 [rénxìng] 인간 본성 | 很 [hěn] 매우

滑稽 [huájī] 우습다, 우스꽝스럽다

没有 [méiyǒu] ~하지 않다 | 得到 [dédào] 얻다

인간 본성이란 게 참 우습지,

갖지 못한 게

언제나 더 매력적인 걸 보면 말이야.

永远 [yǒngyuǎn] 언제나, 영원하다 | 更 [gèng] 더욱

迷人 [mírén] 매력적이다, 마음을 사로잡다

아가능불회애니 :
연애의 조건

我可能不会爱你

남녀 사이에 '영원한 친구'란 가능한 것일까? 고등학생 시절부터 14년간 친구로 지내온 유칭과 다련. 두 사람은 누구보다 가깝지만 연인은 아닌, 매우 미묘한 관계다. 유칭의 서른 번째 생일날, 두 사람은 '서른다섯 전에 누가 먼저 결혼하는지'를 두고 거액의 축의금 내기를 한다.

사실 다련은 오래전부터 '내가 널 사랑할 일은 절대 없을 것'이라고 호언장담해 왔지만, 유칭을 향한 마음을 숨기고 있다. 단짝이라는 이름하에 서로의 연애와 일상을 공유하는 두 사람, 그 엇갈리는 인연 속에서 두 사람은 어떤 답을 향해 갈까?

감독: 취유닝
주연: 린이천(임의신), 천보린(진백림)
방영: 2011년
장르: 로맨스
OTT: TVING, WATCHA, Wavve

³⁵ 대만 방영 당시 폭발적인 시청률을 기록하며, 2012년 금종상 시상식에서 7개 부문을 석권한 작품이다. 한국에서도 큰 인기를 얻어 지금까지도 '인생 드라마'로 꼽는 팬들이 많다. 2015년에는 하지원, 이진욱 주연의 〈너를 사랑한 시간〉으로 리메이크되기도 했다.

TMI 배려 깊고 헌신적인 남자 주인공 리다런의 모습에 드라마 방영 후 한동안 '천년을 수행해야 리다런 같은 남자를 얻는다(千年修得李大仁)'는 말이 유행하기도 했다.

你知道我为什么不会爱你了吗？
因为拥有，就是失去的开始。

知道 [zhīdào] 알다, 이해하다

为什么 [wèishénme] 왜, 어째서

不会 [búhuì] ~하지 않을 것이다 | 爱 [ài] 사랑하다

내가 왜 널 사랑할 수 없는지 알아?

소유는 상실의 시작이니까.

因为 [yīnwèi] 왜냐하면 | 拥有 [yōngyǒu] 소유하다

就是 [jiùshì] 바로 ~이다 | 失去 [shīqù] 잃다

开始 [kāishǐ] 시작하다

거유풍적지방:
바람이 머무는 곳

去有风的地方

인생이란 무엇일까. 삶의 의미는 어디에 있을까. 우린 잘 살고 있는 걸까. 문득 이런 질문이 떠오를 때, 시청하면 좋을 최고의 힐링 드라마다. 특급 호텔 매니저로 쉼 없이 일하던 쉬훙더우가 가장 친한 친구의 갑작스러운 죽음을 계기로 도시의 삶에서 벗어나 윈난성의 작은 마을로 떠나면서 이야기가 시작된다.

상실의 아픔을 가진 주인공이 친구가 생전에 '꼭 함께 가보자'고 이야기했던 윈난성에서 새로운 인연들과 어울리며 서서히 치유되는 과정을 한 폭의 수채화처럼 담아냈다. 윈난성의 아름다운 풍경과 맛있는 음식, 사람 냄새 풍기는 따뜻한

감독: 딩쯔광
주연: 류이페이(유역비), 리센(이현)
방영: 2023년
장르: 로맨스, 힐링
OTT: TVING, WATCHA, Wavve

에피소드가 40부작 내내 고화질로 펼쳐진다. 편안하고 따뜻한 영상미와 잠시 멈추어 곱씹게 만드는 명대사가 많아 중국어 학습용으로도 강력히 추천하는 작품이다.

TMI 드라마는 중국의 윈난성 다리(大理)에서 올 로케이션으로 촬영되었는데, 방영 이후 '쉬훙더우 따라 하기' 열풍이 불면서 관광객이 폭발적으로 급증했다고 한다. 관광 수입은 코로나19 팬데믹 이전 수준을 훨씬 뛰어넘는 액수를 기록했다고.

时间不会停，
幸福不会止。
乌云会有时，
总会有风来。

时间 [shíjiān] 시간 | 不会 [búhuì] ~하지 않을 것이다

停 [tíng] 멈추다 | 幸福 [xìngfú] 행복 | 止 [zhǐ] 그치다

시간이 멈추지 않듯

행복도 멈추지 않을 거예요.

먹구름이 끼는 날도 있겠지만,

결국 언젠가는 바람이 불어올 테니까요.

乌云 [wūyún] 먹구름 | 总 [zǒng] 결국

风 [fēng] 바람 | 来 [lái] 오다

치아문단순적소미호:
아름다웠던 우리에게

致我们单纯的小美好

한때 '중드 입문작' 1순위로 꼽혔던 전설적인 작품. 원제의 독음인 '치아문단순적소미호'로 오랫동안 불려왔으나, 일부 OTT에서는 '아름다웠던 우리에게'라는 제목으로 서비스되고 있다. 원제를 풀이하면 '우리의 순수하고 아름다웠던 시절에게'라는 뜻이다.

제목 그대로 순수하고 아름다운 청춘의 풋풋함을 가득 담은 하이틴 로맨스다. 밝고 씩씩한 여고생 천샤오시가 무뚝뚝한 인기남 장천을 그야말로 '끈질기게' 짝사랑하며 벌어지는 이야기로, 순정만화 같은 첫사랑의 설렘과 아련함이 대만 드라마 〈장난스런 키스〉의 향수를 불러일으킨다.

감독: 양룽, 탕빈
주연: 선웨(심월), 후이텐(호일천)
방영: 2017년
장르: 로맨스, 청춘, 학원
원작: 자오첸첸 동명 웹소설
OTT: Netflix, TVING, WATCHA, Wavve

이 작품의 폭발적인 성공에 힘입어 자오첸첸 작가의 또 다른 웹소설 『치아문난난적소시광: 우리의 따뜻했던 시절에게』와 『치아문첨첨적소미만: 우리의 달콤한 행복에게』까지 차례로 영상화되면서 이른바 '치아문 시리즈'를 탄생시켰다. 〈치아문단순적소미호: 아름다웠던 우리에게〉는 중드 팬들 사이에서 선풍적인 인기를 끌면서 2020년에 한국판으로 리메이크된 바 있다.

陈小希: 我喜欢你。

江辰: 我不喜欢你。

陈小希: 那我再想想办法。

喜欢 [xǐhuan] 좋아하다 | 不 [bù] 아니다, 않다

那 [nà] 그러면 | 再 [zài] 더, 다시

想 [xiǎng] 생각하다 | 办法 [bànfǎ] 방법

천샤오시: 널 좋아해.

장천: 난 너 안 좋아해.

천샤오시: 그럼 내가 방법을 더 생각해 볼게.

치아문난난적 소시광:
우리의 따뜻했던 시절에게

致我们暖暖的小时光

　'치아문 시리즈'의 첫 번째 작품이 고등학교 시절의 짝사랑을 다뤘다면, 두 번째 작품은 대학 캠퍼스로 무대를 옮겼다. 어수룩하나 밝은 성격의 쓰투모와 이과 천재 구웨이이가 우연한 계기로 동거를 시작하면서 펼쳐지는 이야기다.

　대학 졸업을 앞둔 취업 준비생들의 현실적인 진로 고민을 담아내면서도 자극적인 에피소드나 눈에 띄는 갈등 구조가 없는 것이 이 작품의 특징이다. 장면 하나하나가 마치 두 사람의 일상을 잔잔하고 촘촘하게 이어 붙인 느낌이다. 자극적인 콘텐츠에 마음이 지쳐갈 때나 복잡한 서사에 피로해질 때, 편안하게 쉬어가는 의미로 시청하면

감독 : 주둥닝
주연 : 싱페이 (형비), 린이 (임일)
방영 : 2019년
장르 : 로맨스, 청춘
원작 : 자오첸첸 동명 웹소설
OTT : Netflix, TVING, WATCHA, Wavve

좋을 작품이다.

방영 직후, 중국의 평점 플랫폼 사이트인 더우반에서 8.1점을 기록하며 화제가 되었다. 이는 전작 〈치아문단순적소미호: 아름다웠던 우리에게〉의 평점을 뛰어넘는 수치로 '형보다 나은 아우 있다'는 속담을 증명한 사례로 손꼽힌다.

TMI   문과생을 당황하게 만든 전설적인 고백 장면이 화제를 모았다. 이과 천재인 남자 주인공이 '슈뢰딩거 방정식'을 활용해 고백하지만, 여자 주인공이 이를 전혀 이해하지 못하는 장면이다. 이 장면은 방영 당시 '이과생들의 하드코어 고백'으로 불리며 두고두고 회자되었다.

我只想让你知道，
我计划里真的有你。

只想 [zhǐxiǎng] 단지 ~하고 싶을 뿐이다 | 让 [ràng] ~하게 하다

知道 [zhīdào] 알다 | 计划 [jihuà] 계획

里 [lǐ] 안, 속 | 真的 [zhēnde] 진심으로, 정말로 | 有 [yǒu] 있다

내 계획 안에

진심으로 네가 있다는 것만은 알아줬으면 해.

유금세월

流金岁月

중국어 학습용으로 합격점을 주고 싶은 작품이다. 주인공을 맡은 두 배우 류스스와 니니의 명료한 발음과 매력적인 음색이 귀를 즐겁게 해주기 때문이다. 방영 당시 '두 주인공의 압도적인 비주얼과 환상적인 호흡이 드라마의 인기를 이끌었다'는 평이 있었을 정도로 두 배우의 조합이 돋보였던 작품이다.

원제 '유금세월'은 '황금처럼 찬란하게 빛나는 세월'을 뜻한다. 부유하게 자랐으나 집안의 몰락이라는 해일을 맞닥뜨린 장난쑨과 결핍으로 가득했던 유년의 그늘을 딛고 세상에 뛰어들어 뜨거운 야망을 불태우는 주쒀쒀. 급변하는 삶 속에서

감독 : 선옌
주연 : 류스스 (류시시), 니니 (예니)
방영 : 2020년
장르 : 로맨스, 우정
원작 : 이수 동명 소설
OTT : TVING, WATCHA

비틀거리면서도 인생의 거센 파고를 함께 넘는 두 여자의 우정의 서사가 밀도 있게 펼쳐진다. 황금처럼 빛나던 세월의 한 페이지는 지나가고, 삶의 고비마다 서로를 향한 단단한 우정으로 나아가는 두 여성의 이야기가 눈부시게 아름답다.

岁月如金，
朋友虽然走远，
但从未离散，
早早晚晚，终会再见。

岁月 [suìyuè] 세월 | 如 [rú] ~와 같다 | 金 [jīn] 금

朋友 [péngyou] 친구 | 虽然 [suīrán] 비록 ~일지라도

走远 [zǒu yuǎn] 멀리 가다, 멀어지다 | 但 [dàn] 하지만

从未 [cóngwèi] 여태껏 ~한 적 없다

황금처럼 빛나는 세월 속에서

친구는 비록 멀리 떠나갔지만,

결코 헤어진 적 없으니,

머지않아 결국 다시 만나게 되리라.

离散 [lísàn] 헤어지다, 흩어지다 | 早晚 [zǎowǎn] 조만간

终 [zhōng] 결국 | 会 [huì] ~할 것이다

再见 [zàijiàn] 다시 만나다

인선지인 :
웨이브 메이커스

人選之人—造浪者

　때로 드라마가 단순한 오락으로 그치지 않고, 눈에 보이지 않는 기폭제가 되어 사회의 침묵을 깨뜨릴 때가 있다. '드라마가 세상을 바꿀 수 있다'는 것을 여실히 보여준 이 작품 역시 그랬다. 대만에서는 최초로 선거 캠프의 이면을 다룬 정치 드라마로, 화려한 조명을 받는 후보가 아니라 후보 뒤에서 보이지 않는 파도를 일으키는 스태프들의 치열한 삶을 그렸다.

　주인공 웡원팡이 과거에 성추행 피해를 당했던 동료 장야징에게 건넨 '그냥 덮고 넘어가지 말자'라는 대사 한마디가 방영 직후 대만 사회 전반에 '미투#MeToo' 운동을 일으키며 거센 후폭풍을 불러

감독 : 린쥔양
주연 : 셰잉쉬안(사영훤), 왕징(왕정), 황젠웨이(황건위)
방영 : 2023년
장르 : 정치, 사회
OTT : Netflix

왔다. 현실의 정치는 비정하지만, 인간적 가치를 지키려는 이들은 여전히 어딘가에서 분투하고 있음을 알려준 작품이다. 두려움에 침묵하던 장야징이 자신의 목소리를 낼 수 있었던 것 역시 그러한 이유 아니었을까.

TMI 이 드라마는 다큐멘터리처럼 디테일한 고증이 특징인데, 공동 각본을 맡은 옌스지 작가가 실제로 과거에 제1야당의 스태프로 근무한 적이 있다고 한다. 그 덕에 유세 현장의 디테일, 도시락 회의 문화 등이 생생하게 담겼다.

我们不要就这样算了，好不好？
很多事情不能就这样算了。

我们 [wǒmen] 우리 | 不要 [búyào] ~하지 말자, ~하지 마라

就这样 [jiù zhèyàng] 이렇게, 이대로

算了 [suànle] 없던 일로 하다

우리 이렇게 덮고 넘어가지 말아요, 네?

그냥 넘어가면 안 되는 일들이 있는 거예요.

很多 [hěn duō] 많다 | 事情 [shìqing] 일

不能 [bùnéng] ~해서는 안 된다

암격리적비밀 :
서랍 속 비밀

暗格里的秘密

평범한 소녀와 천재 소년의 만남과 성장. 흔한 클리셰에도 불구하고 사람들이 청춘물을 찾는 건, 되돌아갈 수 없는 그 시절의 순수한 마음이 그리워서가 아닐까. '청춘물의 정석'이라 불리는 이 작품 또한 청춘의 여러 조각들을 청량하고 아련한 영상미로 담아냈다.

명문 고등학교로 전학 온 여학생 딩셴과 수학 천재이자 인기남인 저우쓰웨. 드라마는 둘의 만남부터 풋풋한 썸, 대학 입시, 이별과 재회, 그리고 어른이 되어 결실을 맺기까지 약 10년에 걸친 서사를 촘촘하게 그렸다. 특히 두 사람이 서로에게 빛이 되어주며 함께 성장하는 순간에 등장하

감독 : 장샤오안
주연 : 쉬멍제(서몽결), 천저위안(진철원)
방영 : 2021년
장르 : 로맨스, 청춘, 학원
원작 : 얼둥투쯔 동명 웹소설
OTT : Netflix, TVING, WATCHA, Wavve

던 '너의 앞날에 영광이 있기를(彼方尚有荣光在)'이라는 메시지는 훗날 이 작품을 상징하는 문장이 되었다.

방영 초기에는 대형 작품들에 밀려 큰 주목을 받지 못했으나 오직 입소문만으로 역주행했다. 특히 현지 팬들 사이에서는 저우쓰웨가 '인간계의 이상형(人间理想)'으로 불리면서, 저우쓰웨 같은 첫사랑도 없이 지나가 버린 청춘에 대한 아쉬움을 토로하듯 '청춘은 내게 저우쓰웨를 빚졌다(青春欠我一个周斯越)'는 말이 유행하기도 했다.

相信自己，你可以的。
送你一句话，
'彼方尚有荣光在'。

相信 [xiāngxìn] 믿다 | 自己 [zìjǐ] 자신, 자기

可以 [kěyǐ] ~할 수 있다 | 送 [sòng] 선물하다, 보내다

一句话 [yíjùhuà] 한마디 | 彼方 [bǐfāng] 저 너머

자신을 믿어, 넌 할 수 있으니까.

너에게 이 메시지를 선물할게,

'너의 앞날에 영광이 있기를'.

尚 [shàng] 아직, 여전히 | 有 [yǒu] 있다

荣光 [róngguāng] 영광 | 在 [zài] 있다, 존재하다

나쁜 아이들:
은비적각락

隐秘的角落

전교 1등 주차오양과 보육원에서 도망쳐 나온 옌량과 웨푸. 세 아이는 산에서 즐겁게 놀던 중, 우연히 한 남자의 살인 현장을 카메라에 담게 된다. 신고를 하려던 아이들은 각자의 사정 속에서 살인범과 위험한 거래를 시작한다.

드라마는 아이와 어른, 피해자와 가해자가 얽히고설키는 과정을 통해 인간이란 '선'을 추구하지만 때로는 '악'을 선택하는 존재임을 보여준다. 원제 '은비적각락(隐秘的角落, 은밀한 구석)'처럼 누구나 남에게 들키고 싶지 않은 은밀한 사연이 하나쯤은 있기 마련이므로.

중국 동영상 플랫폼 '아이치이iQIYI'가 제작한

감독 : 신솽
주연 : 룽쯔산 (영재삼), 스펑위안 (사팽원), 왕성디 (왕성적),
　　　 친하오 (진호), 왕징춘 (왕경춘)
방영 : 2020년
장르 : 스릴러, 미스터리, 범죄, 사회
원작 : 쯔진천 소설 『나쁜 아이들(坏小孩)』
OTT : WATCHA

웹드라마로 '중드의 수준을 미드급으로 끌어올렸다'는 극찬을 받으며 2020년 중국 최고의 화제작으로 선정되었다. 특히 살인범 '장둥성'의 대사 '같이 등산 가실래요?(一起爬山吗?)'는 방영 당시 '죽음의 초대장'을 뜻하는 말로 엄청난 화제를 모으며 2020년 10대 유행어 중 하나로 선정되기도 했다.

TMI　드라마는 총 12부작인데 매회 엔딩곡이 다르다. 시청자들 사이에서 '엔딩곡은 그 회차의 해석이자 스포일러'라는 말이 돌기도 했는데, 이는 과거 록 밴드 기타리스트였던 감독의 독특한 이력 때문이다. 감독은 '엔딩곡은 드라마의 여운을 정리하는 제2의 대본'이라며 직접 선곡 및 작곡에 참여했다고 한다.

究竟是相信真相还是童话，
是你们每个人的选择。

究竟 [jiūjìng] 결국 | 相信 [xiāngxìn] 믿다

真相 [zhēnxiàng] 진실, 진상 | 还是 [háishì] 또는

진실을 믿을지 동화를 믿을지는

너희들 각자의 선택에 달린 거야.

童话 [tónghuà] 동화 ǀ 你们 [nǐmen] 너희

每个人 [měi gè rén] 각자 ǀ 选择 [xuǎnzé] 선택

차시차각

此时此刻

　　대만 드라마계의 ‘어벤저스’로 불릴 만큼 초호화 캐스팅을 자랑하는 드라마다. 대만 톱스타들이 총출동해 10인 10색의 로맨스를 옴니버스 형식으로 풀어냈다.

　　배경은 예고 없이 찾아온 코로나19 팬데믹으로 세상이 멈추었던 2020년의 타이베이. 고립된 도시에서 열 쌍의 남녀가 만들어가는 새로운 연결고리를 보여준다. 풋풋한 첫사랑부터 어른의 연애, 재회, 퀴어, 불륜 등 각양각색의 로맨스를 볼 수 있다. 모든 에피소드가 타이베이를 배경으로 하는 만큼 거리, 카페, 야경 등 타이베이 특유의 분위기를 감상하는 재미 또한 작품의 특징이다.

감독 : 렌이치 외 4인
주연 : 왕징 (왕정), 린신루 (임심여), 우캉런 (오강인) 등
방영 : 2023년
장르 : 로맨스
OTT : Netflix

'차시차각'은 '지금 이 순간'이라는 의미다. 제작진은 팬데믹이라는 단절의 시대에도 멈추지 않았던 사랑의 순간들을 담고자 했다. 미래를 알 수 없는 불안한 상황, 하지만 오히려 그렇기 때문에 내일이 아닌 바로 지금 이 순간, 내 곁에 있는 사람과 감정에 충실해야 한다는 따뜻한 메시지를 건넨다.

不管这个世界有多残忍，
我们都值得最好的爱情。

不管 [bùguǎn] ~을 막론하고

这个 [zhège] 이, 이것 | 世界 [shìjiè] 세상, 세계

残忍 [cánrěn] 잔인하다 | 我们 [wǒmen] 우리

이 세상이 아무리 잔인하다 해도,

우리는 모두 최고의 사랑을 누릴 자격이 있어요.

都 [dōu] 모두 | 值得 [zhíde] ~할 가치가 있다

最好的 [zuìhǎo de] 최고의 | 爱情 [àiqíng] 사랑

잊어도 기억할게

忘了我记得

낮에는 편의점 직원으로, 밤에는 스탠드업 코미디언으로 일하는 40대 청러러. 여덟 살 때 어머니가 집을 떠난 후, 유일한 가족이었던 아버지는 어느새 연로하여 치매 초기 진단을 받는다. 언제나 괴짜 같았지만 누구보다 딸을 사랑했던 아버지, 그리고 그런 아버지와 다시 엉키게 된 딸 청러러의 에피소드가 소소하지만 특별한 영화 한 편처럼 펼쳐진다.

부모의 돌봄을 받던 어린 시절을 지나 부모를 돌봐야 하는 중년의 무게는 더없이 버겁지만, 그 애처로운 현실 속에서도 유머를 놓지 않는 주인공 덕에 마지막까지 웃다 울고, 울다 웃으며 보게

감독 : 류뤄잉
주연 : 셰잉쉬안(사영훤), 친한(진한), 훠젠화(곽건화)
방영 : 2025년
장르 : 코미디, 힐링, 가족
OTT : Netflix

되는 작품이다. 아버지의 뒷모습이 유독 화면에 자주 보였던 건 나의 착각이었는지, 아니면 감독의 의도였는지 모르겠다. 굽은 어깨와 작은 등을 볼 때마다 돌아가신 아빠 생각이 나 펑펑 울었다.

영화 〈먼 훗날 우리〉로 연출력을 검증받은 류뤄잉 감독의 작품으로, 드라마가 공개된 이후 치매라는 비극적인 소재를 스탠드업 코미디와 엮은 감독의 시도에 많은 이들이 찬사를 보냈다. 자극적인 소재 없이 세대 간의 화해를 감동적으로 그려내며 긴 여운을 남긴 수작으로 꼽힌다.

没关系，
你什么都不记得没关系。
你只要记得
你女儿很爱你就好了。

没关系 [méiguānxi] 괜찮다 ｜ 记得 [jìde] 기억하다

只要 [zhǐyào] ~하기만 하면 ｜ 女儿 [nǚ'ér] 딸

괜찮아,

아무것도 기억하지 못해도 괜찮아.

아빠 딸이 아빠를 많이 사랑한다는 것만

기억하면 돼.

很 [hěn] 매우 | 爱 [ài] 사랑하다

就好了 [jiù hǎo le] ~했으면(~이었으면) 좋겠다

네 아이는
네 아이가 아니다

你的孩子不是你的孩子

원작은 작가 우샤오러가 과외 교사로 일하며 직접 목격한 일을 바탕으로 집필한 동명 소설이다. 드라마는 원작에 SF의 상상력을 불어넣어 총 다섯 편의 옴니버스로 재탄생했다.

성적과 명문대 진학이 무엇보다 중요하다고 믿는 엄마, 그것이 자신의 행복이며 자식에 대한 사랑이라고 믿는 엄마. 그 옆에는 비뚤어진 욕망 아래에서 조종당하는 아이들이 있다. 하루하루 시들어가던 아이들은 묻는다. 엄마는 정말 '나를 사랑하느냐'고.

섬뜩할 정도로 현실적인 이 이야기는 방영 직후 '대만판 블랙 미러'라는 찬사를 받았다. 특히

감독 : 천후이링
주연 : 커쑤원(가소운), 중신링(종흔릉), 류쯔취안(유자전) 등
방영 : 2018년
장르 : SF, 스릴러
원작 : 우샤오러 동명 소설
OTT : Netflix

비슷한 입시 문화 때문인지 일본 넷플릭스에서 인기 순위 1위를 기록하기도 했으며, 2019년 금종상 시상식에서는 무려 5관왕을 달성하며 그해 최고의 화제작으로 인정받았다.

TMI   천후이링 감독은 원작이 담고 있는 현실이 너무 어둡고 숨이 막혔다고 한다. 그대로 영상화하면 시청자들이 고통스러워할 것 같아 일부러 SF와 스릴러라는 장르로 포장해서 보여주기로 결심했다고.

我只是想要自己是原来的样子，
我不能就只做我自己吗？

只是 [zhǐshì] 단지 ~일 뿐이다 | 想要 [xiǎngyào] ~하고 싶다

自己 [zìjǐ] 자신, 자기 | 原来 [yuánlái] 원래, 본래

난 그냥 원래의 내 모습으로 있고 싶어요,

나 자신으로 살면 안 되는 거예요?

样子 [yàngzi] 모습 | 不能 [bùnéng] ~할 수 없다

做 [zuò] ~이 되다

점연아, 온난니 :
너는 나의 불꽃

点燃我，温暖你

천재적인 코딩 실력을 가졌지만 까칠한 남자 리쉰. 귀하게 자랐지만 강단 있는 모범생 주윈. 대학 입학 첫날부터 부딪치기 시작한 두 사람은 프로그래밍 대회 준비를 기점으로 조금씩 가까워지며 어느새 연인이 된다. 그러나 비극적인 사건으로 감옥에 가게 된 리쉰은 주윈에게 이별을 통보하고, 그렇게 두 사람은 헤어진다. 어느덧 세월이 흘러 출소한 리쉰과 유학을 떠났다가 오랜만에 귀국한 주윈은 운명처럼 재회한다. 그리고 그 순간부터 두 사람의 진짜 이야기가 시작된다.

드라마는 찬란했던 대학 시절과 차디찬 현재를 오가며 두 사람의 애틋한 서사를 보여준다. 특히

감독: 류쥔제
주연: 천페이위(진비우), 장징이(장정의)
방영: 2022년
장르: 로맨스, 청춘, 성장
원작: 트웬틴 웹소설 『라이터와 공주 드레스(打火机与公主裙)』
OTT: TVING, WATCHA, Wavve

이 작품의 백미는 관계의 역전에 있다. 남자 주인공이 여자 주인공을 지켜주는 클리셰를 깨고, 주원은 리쉰이 무너질 때마다 그를 일으켜 세우는 구원자이자 수호자 역할을 자처한다. 2023년 한국에서 방영되자 그해 '최고의 중드'로 추천하는 팬들이 많았으며, 지금도 '겨울에 꼭 봐야 하는 중드'로 손꼽힌다.

TMI   리쉰이 주원을 위해 만든 '하트 코드'가 화제가 되었다. 방영 후, 수많은 공대생들 사이에서 따라 하기 챌린지가 유행하면서 #리쉰하트코드(李峋爱心代码) 해시태그가 쏟아졌다.

李峋，你选我吧，
我绝不背叛你。

你不能低头，
我不允许。

选 [xuǎn] 선택하다 | 绝不 [juébù] 절대 ~하지 않다

背叛 [bèipàn] 배신하다 | 不能 [bùnéng] ~해서는 안 된다

低头 [dītóu] 머리를 숙이다, 굴복하다 | 允许 [yǔnxǔ] 허락하다

리쉰, 날 선택해,

난 널 절대 배신하지 않아.

넌 고개 숙여선 안 돼,

내가 허락할 수 없어.

너를 정말 사랑해

我是真的爱你

　'아이는 절대 낳지 않겠다'고 선언한 미혼의 커리어 우먼, 출산 후 남편과 이혼해 혼자 아이를 키우고 있으나 출세에 대한 야망이 누구보다 큰 워킹맘, 그리고 가족의 행복이 곧 나의 행복이라 믿는 전업주부. 삶의 환경도 가치관도 너무나도 다르지만, 세 여자는 '육아'와 '커리어'라는 전쟁터에서 서로 부딪히고 연대한다.

　서로의 삶을 이해하지 못해 생채기를 내다가도 때로는 누구보다 서로를 깊이 이해하며 조력자가 되어주는 그녀들. '여자의 적은 여자'라는 말은 과연 정말 맞는 말일까? 이 드라마는 말한다. 같은 여자이기에 누구보다 그 고단함을 깊이 헤아릴

감독: 뤼싱
주연: 류타오 (유도), 왕위안커 (왕원가), 리녠 (리념)
방영: 2021년
장르: 여성, 직장
OTT: Netflix

수 있고, 같은 여자이기에 공감하며 서로의 결핍
을 채워줄 수 있다고. 한 중국 매체에서는 '여성들
이 마주한 현실적 불안을 직시한 작품'이라고 호
평했다.

TMI 드라마는 중국 정부가 '세 자녀 출산 허용' 정책을 발표한 직후 방영
되었다. 국가적으로 출산을 장려하는 분위기 속에서 드라마는 역설
적으로 '임신과 출산이 여성 커리어에 미치는 영향'을 가감 없이 드
러내 큰 화제를 모았다.

只有女人才能了解另一个女人的艰难，
只有女人才能真正帮助另一个女人。

只有~才~ [zhǐyǒu~cái~] 오직 ~해야만 비로소 ~하다

女人 [nǚrén] 여자 | 能 [néng] ~할 수 있다

了解 [liǎojiě] 이해하다 | 另一个 [lìng yí gè] 또 다른

오직 여자만이 다른 여자의 고난을 이해할 수
있고, 오직 여자만이 다른 여자를 진심으로 도울
수 있다.

艰难 [jiānnán] 고난, 어려움 | 真正 [zhēnzhèng] 진정으로

帮助 [bāngzhù] 돕다

탈궤

脱轨

첫 회부터 호기심을 불러일으키며 시선을 사로잡는 작품. 거만함과 당당함 그 사이 어딘가에 있는 재벌 2세 장샤오위안이 의문의 교통사고를 당한다. 순간 '등대 시스템'이라는 미지의 장치가 작동하며 장샤오위안은 7년 전으로 이동한다.

눈을 뜬 그녀가 마주한 것은 재벌 상속녀가 아닌 흙수저 아르바이트생의 삶. 정반대의 평행우주로 떨어진 그녀 앞에 미스터리한 남자 치롄이 나타나고, 둘은 혼란스러운 운명 속에서 등대 시스템의 숨겨진 비밀을 파헤치기 시작한다. 과연 두 사람은 등대 시스템의 비밀을 찾아낼 수 있을까?

감독 : 선양
주연 : 류하오춘(유호존), 린이(임일)
방영 : 2023~2024년
장르 : 로맨스, 미스터리, 판타지, 성장
원작 : 프리스트 동명 웹소설
OTT : Netflix, WATCHA, Wavve

드라마 초중반은 단순한 타임슬립 로맨스처럼 보이지만, 등대 시스템의 비밀이 드러나는 반전은 무척이나 흥미롭다. 다소 늘어지는 구간이 있다는 평도 있으나 탄탄한 서사와 참신한 반전이 돋보이는 작품이다.

人生的起点不同，
只要自身足够努力，
都能掌控自己的人生。

人生 [rénshēng] 인생 | 起点 [qǐdiǎn] 시작점, 기점

不同 [bùtóng] 다르다 | 只要 [zhǐyào] ~하기만 하면

自身 [zìshēn] 스스로 | 足够 [zúgòu] 충분하다

인생의 시작점은 달라도

충분히 노력하면

누구나 자기 인생의 주인이 될 수 있어.

努力 [nǔlì] 노력하다 I 能 [néng] ~할 수 있다

掌控 [zhǎngkòng] 장악하다 I 自己 [zìjǐ] 자기

애니 :
널 사랑해

爱你

2025년 아이치이에서 공개되자마자 폭발적인 반응을 얻으며, 또 하나의 '중드 입문작' 반열에 오른 드라마다. 지적이고 다정한 의사 허쑤예 역을 맡은 장링허와 불면증에 시달리는 호텔 매니저 선시판 역을 맡은 쉬뤄한의 비주얼 합이 완벽했다는 평과 함께 방영 내내 화제가 되었다.

고강도의 업무로 불면증과 편두통에 시달리던 선시판은 우연히 찾아간 의원에서 의사 허쑤예를 만난다. 의사와 환자로 만난 두 사람은 아파트 이웃으로 다시 마주치고, 그렇게 서서히 가까워진다. 이 드라마는 은은한 약재 향기처럼 편안하게 스며드는 '중의학 로맨스'라는 점이 신선하다. 잠

감독 : 처량이
주연 : 장링허(장릉혁), 쉬뤄한(서약한)
방영 : 2025년
장르 : 로맨스, 힐링
원작 : 성리 웹소설 『당신을 사랑한 건, 내 평생 가장 잘한 일
　　　(爱你，是我做过最好的事)』
OTT : Coupang Play, TVING, WATCHA

못 드는 여자와 그녀의 잠을 지켜주고 싶은 남자,
두 사람의 치유와 성장은 보는 이들도 미소 짓게
한다. 밝고 잔잔하면서도 확실한 힐링이 필요한
분들에게 추천한다.

TMI　극 중 지적인 의사 허쑤예를 표현하기 위해 배우 장링허가 금테 안경
을 착용하는데, 이 모습이 화제가 되며 한동안 관련 키워드가 온라인
을 뒤덮었다. 이를 두고 중국에서는 '옌징사(眼镜杀, 안경살)'라고
표현하기도 하는데, 안경 쓴 모습이 치명적이라는 뜻의 신조어다.

以后让我像爱自己一样去爱你，
爱你一样爱自己。
爱你，是我做过最好的事。

以后 [yǐhòu] 앞으로, 이후 | 让 [ràng] ~하게 하다

像~一样 [xiàng~yíyàng] ~와 같다 | 爱 [ài] 사랑하다

自己 [zìjǐ] 자신, 자기 | 最好 [zuìhǎo] 가장 좋다 | 事 [shì] 일

앞으로 나 자신을 사랑하듯 당신을 사랑하고,

당신을 사랑하듯 나 자신을 사랑할게.

당신을 사랑한 건, 내 평생 가장 잘한 일이야.

이가인지명

以家人之名

　피 한 방울 섞이지 않아도 진짜 가족이 될 수 있을까? 부모가 준 깊고 깊은 상처는 치유될 수 있을까? '가족이라는 이름으로(以家人之名)'라는 뜻을 가진 드라마 〈이가인지명〉은 그 해답을 따뜻하고도 명확하게 던져준다.

　저마다의 상처가 있는 세 명의 아이 링샤오, 허쯔추, 리젠젠이 한 지붕 아래 모인다. 각자의 사정으로 혼자가 된 두 아빠의 보살핌 속에서 세 아이는 친남매보다 더 끈끈한 정을 나누며 결핍을 채운다. 예기치 못한 긴 이별이 그들을 시험하지만, 성인이 되어 다시 마주한 세 사람은 서로의 아픔을 보듬으며 진정한 가족이 되어간다. 혈연이 가족

감독: 딩쯔광
주연: 쑹웨이룽(송위룡), 장신청(장신성), 탄쑹윈(담송운)
방영: 2020년
장르: 가족, 성장, 로맨스
OTT: TVING

의 필요조건이 아님을 명확하게 보여준 드라마다.

방영된 지 꽤 시간이 흘렀음에도 여전히 수많은 사람들이 '인생 드라마'로 꼽는다. 그 인기에 힘입어 2024년 JTBC에서 방영된 리메이크작 〈조립식 가족〉 역시 OTT 상위권을 차지하며 원작 못지않은 호평을 받았다.

TMI 세 남매 역할을 한 배우들의 실제 나이가 화제가 되었다. 막내 여동생 '리젠젠' 역의 탄쑹윈은 90년생, 작은오빠 '허쯔추' 역의 장신청은 95년생, 큰오빠 '링샤오' 역의 쑹웨이룽은 99년생으로 정반대다.

我听说，人本身就是一瞬间长大的，
别人都不知道，
只有你知道的那一瞬间。

听说 [tīngshuō] 듣자 하니, 듣건대 ｜ 人 [rén] 사람

本身 [běnshēn] 그 자신 ｜ 就是 [jiùshì] 바로 ~이다

一瞬间 [yíshùnjiān] 한순간, 순식간

사람은 어느 한순간 어른이 된대.

다른 사람은 알 수 없는,

자신만 아는 그 순간에 말이야.

长大 [zhǎngdà] 자라다 l 别人 [biérén] 다른 사람

都 [dōu] 모두 l 知道 [zhīdào] 알다

只有 [zhǐyǒu] 오직 ~만 l 那 [nà] 그, 저

하화

夏花

백혈병을 앓고 있는 허란은 우연히 미용실에서 한 남자의 목소리에 끌린다. 그 목소리의 주인공은 과거의 상처로 세상과 담을 쌓고 살아가는 중년의 원예사 샤오한. 백혈병 재발로 삶의 끝자락에 선 허란은 마지막 생을 불태우듯 거침없이 샤오한에게 직진한다. 샤오한은 그런 그녀를 밀어내려 하지만, 결국 닫혀 있던 마음의 문을 서서히 연다.

이후 두 사람에게 가혹한 현실이 들이닥치지만, 샤오한은 허란을 마지막까지 지키기로 결심한다. 여름꽃처럼 짧지만 찬란한 생을 살았던 소녀, 그리고 자신의 직업처럼 소녀의 마지막 개화

감독: 천저우페이, 자오샤오레이
주연: 쉬뤄한(서약한), 옌청쉬(언승욱)
방영: 2023년
장르: 로맨스
원작: 타이허우구이라이 웹소설 『그는 찬란한 여름꽃 속에 서 있다
      (他站在夏花绚烂里)』
OTT: TVING, WATCHA, Wavve

를 도우며 곁을 지킨 원예사의 사랑이 너무나 슬프고도 아름답다.

두 사람의 서사가 더없이 아름다웠던 데에는 훌륭한 영상미 또한 한몫한다. '중국 드라마 역사상 가장 섹시한 영상 화보집'이라는 호평이 있었을 만큼 탐미적이고 감각적인 연출로 인정받은 작품이다. 선명하고 강렬한 색감과 빛 번짐 효과 등을 이용한 몽환적인 분위기 덕분에 '왕가위 감독의 영화를 보는 것 같다'는 찬사를 받기도 했다.

TMI 두 남녀 배우 옌청쉬와 쉬뤄한의 실제 나이 차이가 스물한 살이라는 것도 놀라웠지만, 무엇보다 옌청쉬는 F4 따오밍스 시절과 거의 변한 게 없는 '방부제 외모'로 엄청난 화제가 되었다.

知道非洲菊的花语是什么吗?
不畏艰难,
追求自己想要的人生。

知道 [zhīdào] 알다 | 非洲菊 [fēizhōujú] 거베라

花语 [huāyǔ] 꽃말 | 不畏 [búwèi] 두려워하지 않다

거베라의 꽃말이 뭔지 아세요?

어떤 시련에도 굴하지 않고,

내가 원하는 삶을 향해 나아가는 거예요.

艰难 [jiānnán] 시련, 고난 | 追求 [zhuīqiú] 추구하다

想要 [xiǎngyào] 원하다 | 人生 [rénshēng] 삶, 인생

화등초상

华灯初上

1988년, 타이베이의 유흥가 린썬베이루. 매일 저녁 화려한 네온사인과 함께 일본식 주점 '히카리(光)'의 문이 열린다. 이곳에는 깊은 우정을 나누던 마담 로즈와 쑤가 있다. 자매처럼 서로를 의지하던 두 사람. 그러나 그들을 찾아온 사랑이라는 불청객은 둘의 우정에 균열을 일으키고, 질투와 배신 속에서 걷잡을 수 없는 비극이 펼쳐진다.

대만 최고의 톱스타 린신루가 제작 및 주연을 맡아 화제가 된 이 작품은 24부작을 3개의 시즌으로 나누어 공개했다. 매 시즌마다 넷플릭스 공개 직후, 대만과 홍콩 등에서 1위를 석권하며 신드롬급 인기를 끌었다. 시즌1이 신원 미상의 시체를

감독 : 렌이치
주연 : 린신루(임심여), 양진화(양근화)
방영 : 2021~2022년
장르 : 범죄, 미스터리, 스릴러
OTT : Netflix

 보여주며 '누가 죽었는가'에 초점을 맞추었다면, 시즌2와 3에서는 '누가, 그리고 왜 죽였는가'를 파헤친다. 치밀한 구성을 따라 범인을 추리하는 과정도 흥미롭지만, 서로에게 상처를 입히면서도 결국 서로를 놓지 못했던 두 여성의 애증 서사가 깊은 여운을 남긴다. 80년대 레트로 감성과 추리물의 긴장감, 대만 톱스타들의 연기력이 어우러진 최고의 작품이다.

TMI 〈상견니〉의 쉬광한, 〈장난스런 키스〉의 정위안창뿐만 아니라 우캉런, 비비안 수 등 초호화 카메오 군단으로 화제를 모았다. 대만 드라마 팬이라면 '어? 저 배우가 왜 여기에 나와?' 하며 반가워할 장면들이 많다.

回忆放得越久越美，
时不时就戳你一下，
让你忍不住想念。

回忆 [huíyì] 추억 | 放 [fàng] 놓다, 내버려두다

越~越~ [yuè~yuè~] ~할수록 ~하다 | 久 [jiǔ] 오래다

美 [měi] 아름답다 | 时不时 [shíbùshí] 자주, 늘

추억이란 묵힐수록 아름다워져.

시도 때도 없이 찔러대면서

그리워 참을 수 없게 만들지.

戳 [chuō] 찌르다 | 让 [ràng] ~하게 하다

忍不住 [rěnbúzhù] 참을 수 없다

想念 [xiǎngniàn] 그리워하다

천 번의 굿나잇

—千个晚安

어느 날 갑자기 기차역에 버려진 텐칭. 역장은 그를 돌보는 아버지가 된다. 텐칭은 뒷산의 '나무 할아버지(산의 신령)'를 찾아가 굿나잇 인사를 천 번 건네면 엄마가 돌아올 거라고 믿지만, 간절한 소원은 이뤄지지 않는다.

역장의 딸로 살아가던 텐칭은 아버지가 세상을 떠나자, 아버지의 낡은 노트 한 권을 들고 길을 나선다. 아버지가 끝내 마치지 못한 '대만 철도 일주'의 꿈을 대신 이루기 위해서. 오래전부터 아버지와 인연이었던 남자 청눠를 포함해 4인방이 여정에 오르고, 그 과정에서 텐칭과 청눠는 서로의 상처를 공유하며 연인으로 발전한다.

감독 : 천룽후이
주연 : 롄위한(연유함), 장둥량(장동량)
방영 : 2019년
장르 : 가족, 로맨스, 힐링
OTT : Netflix

07 　　드라마는 대만 전역을 돌며 12개 산맥과 150곳의 명소를 배경으로 촬영되었다. 대만의 아름다움을 기록하다 세상을 떠난 다큐멘터리 감독 치보린의 정신을 기리며, 매 회 오프닝마다 그의 글을 내레이션으로 담아냈다. 주인공의 애도와 치유의 과정을 따라가다 보면, 대만의 자연이 주는 위로와 감동을 동시에 느낄 수 있다.

TMI　치보린 감독을 기리는 헌정작이라는 점에서 의미가 깊다. 치보린 감독은 2017년, 촬영을 위해 탄 헬기가 추락하며 세상을 떠났다. 이에 〈천 번의 굿나잇〉 제작진은 치보린 감독이 생전에 촬영한 미공개 항공 영상을 드라마 곳곳에 삽입했다.

人生的旅行最重要的，
就是学会照顾自己的心，
要先把心放在一个正确的定位上。

人生 [rénshēng] 인생 ㅣ 旅行 [lǚxíng] 여행

最重要的 [zuì zhòngyào de] 가장 중요한 것

就是 [jiùshì] 바로 ~이다 ㅣ 学会 [xuéhuì] 배워서 알다

인생이라는 여행에서 가장 중요한 건,

자기 마음 돌보는 법을 배우는 거란다.

먼저 올바른 위치에 나의 마음을 두어야 하지.

照顾 [zhàogù] 돌보다 | 心 [xīn] 마음

先 [xiān] 먼저 | 放在 [fàngzài] ~에 놓다

正确 [zhèngquè] 올바르다, 정확하다 | 定位 [dìngwèi] 위치

결혼까진 했는데…요!

童话故事下集

원제는 '동화 이야기 그 후속편'이라는 뜻이다. '그 후, 두 사람은 오래오래 행복하게 살았답니다'로 통일되는 동화의 문법을 발칙하게 비틀었다. 이링과 쉐유의 동화 같은 만남, 그러나 후속편으로 이어지는 결혼 생활은 그야말로 로망이 아닌 서바이벌 그 자체다. 시댁과의 갈등과 분가 문제, 출산 압박, 그리고 불임에 이르기까지 지독히도 현실적인 문제 속에서 아내 이링은 일주일에 한 번씩 이혼을 생각한다. 결혼 3년 차 부부의 현실을 유쾌하면서도 날카롭게 풀어낸 작품이다.

방영 직후 '비혼 장려 드라마'라는 우스갯소리와 함께 기혼자들의 폭풍 공감을 이끌어냈다. 특

감독 : 리녠슈
주연 : 커자옌 (가가연), 류이하오 (류이호)
방영 : 2025년
장르 : 코미디
OTT : Netflix

히 '대만 남친'이었던 류이하오는 지질한 남편이
자 눈치 없는 마마보이로, 〈상견니〉의 히로인 커
자옌은 거침없이 남편 욕을 쏟아내는 아내로 완
벽하게 변신하면서 신선한 충격을 선사했다.

就算一起跑，
如果两个人的速度不一样，
不会一起抵达目的地，
只会越离越远。

就算 [jiùsuàn] 설령 ~라 해도 | 一起 [yìqǐ] 함께

跑 [pǎo] 달리다 | 如果 [rúguǒ] 만약

两个人 [liǎng gè rén] 두 사람

速度 [sùdù] 속도 | 不一样 [bù yíyàng] 다르다

함께 달린다 해도

두 사람의 속도가 다르다면,

함께 목적지에 이르지 못할 거예요.

점점 더 멀어지기만 하겠죠.

13

不会 [búhuì] ~하지 않을 것이다 | 抵达 [dǐdá] 도착하다

目的地 [mùdìdi] 목적지 | 只会 [zhǐhuì] 단지 ~할 뿐이다

越~越~ [yuè~yuè~] ~할수록 ~하다

离 [lí] (멀리) 떨어지다 | 远 [yuǎn] 멀다

중생지문:
빛과 어둠

重生之门

중국의 인기 그룹 TFBOYS의 리더 왕쥔카이가 작품 스틸 컷에서 시선을 끌지만, 개인적으로는 주연을 맡은 배우 장이 때문에 보게 된 작품이다. 미남형 배우는 아니지만, 맡는 배역마다 영혼을 갈아 끼운 듯 완벽하게 변신하는 연기파 배우이기 때문이다. 이번 작품에서 그는 명화 절도 사건을 쫓는 수사과 과장 뤄젠으로 분했다.

사건을 추적하던 그는 천재적인 관찰력을 지닌 법대생 장원제를 만난다. 그 과정에서 뤄젠은 과거 자신에게 트라우마를 남긴 미해결 사건의 유력 용의자가 좡원제의 아버지라는 사실을 알게 된다. 용의자 아들과 경찰의 공조. 과연 그들은 도

감독 : 양둥
주연 : 장이 (장역), 왕쥔카이 (왕준개)
방영 : 2022년
장르 : 미스터리, 범죄, 수사
OTT : TVING, WATCHA, Wavve

난당한 명화 '수련'에 숨겨진 진실을 밝혀낼 수 있을까? 그리고 좡원제는 가문의 어두운 굴레를 벗고 빛을 선택할 수 있을까? 팽팽한 심리전과 배우들의 일품 연기, 영화 같은 연출과 편집까지 어느 하나 부족함 없는 웰메이드 수사물이다.

TMI 배우 장이는 경찰이나 군인 역을 유독 찰떡같이 소화해 내는데, 실제로 약 10년간 군 복무를 했던 직업 군인 출신이다. 이번 작품에서는 '예술 감독' 역할을 겸하며 대본 수정부터 소품 배치나 앵글까지 함께 고민했다고 한다.

不管你过去经历过什么，
想要彻底摆脱黑暗，
最好的方式就是
努力让自己站到有光的一边。

不管 [bùguǎn] ~을 막론하고 | 过去 [guòqù] 과거

经历 [jīnglì] 겪다 | 过 [guo] ~한 적이 있다 | 什么 [shénme] 무엇

想要 [xiǎngyào] ~하고 싶다 | 彻底 [chèdǐ] 완전히, 철저히

摆脱 [bǎituō] 벗어나다 | 黑暗 [hēi'àn] 어둠

네가 과거에 어떤 일을 겪었든,

어둠에서 완전히 벗어나고 싶다면,

가장 좋은 방법은

최선을 다해 빛이 드는 쪽에 서는 거야.

最好 [zuìhǎo] 가장 좋다 | 方式 [fāngshì] 방법

就是 [jiùshì] 바로 ~이다 | 努力 [nǔlì] 노력하다

让 [ràng] ~하게 하다 | 站 [zhàn] 서다 | 光 [guāng] 빛

一边 [yìbiān] 한쪽, 한편

니시아적영요:
너는 나의 영광

你是我的荣耀

화려한 톱스타 차오징징, 그리고 그녀가 고교 시절 짝사랑했던 우주항공 설계자 위투. 두 사람은 약 10년 만에 모바일 게임 공간에서 운명처럼 재회한다. 이상과 현실의 괴리 속에서 '우주'라는 꿈을 향해 고뇌하는 위투와 그런 그의 꿈을 따뜻하게 지지해 주는 밝고 솔직한 차오징징의 이야기를 그렸다. 긴 시간을 돌아 서로에게 영광이자 별이 되어주는 과정이 섬세하게 펼쳐진다.

남녀 주인공의 설레는 로맨스뿐만 아니라 둘을 이어준 매개체로 등장하는 게임 이야기, 그리고 우주항공 분야의 종사자가 겪는 현실적인 고충까지 다채로운 볼거리로 가득한 작품이다. 그 덕에

감독 : 왕즈
주연 : 디리러바(적려열파), 양양
방영 : 2021년
장르 : 로맨스
원작 : 구만 동명 웹소설
OTT : TVING, WATCHA, Wavve

커다란 갈등 구조나 반전 없이도 잔잔하고 부드럽게 두 사람의 세계를 완성했다는 호평을 받았다. 팬들 사이에서 배우 양양과 디리러바의 만남만으로 엄청난 화제를 모았으며, 당시 중국 OTT 플랫폼인 텐센트 비디오가 제작한 작품 중 역대 최고의 히트작으로 손꼽히기도 했다.

TMI 드라마의 마지막 회가 공개되던 날, 시청자가 동시에 몰려들어 텐센트 비디오의 서버가 다운되는 일이 있었다. 이로 인해 중국의 소셜 미디어 '웨이보' 실시간 검색어가 '텐센트 서버 터짐(腾讯视频崩了)'으로 도배되었다.

你凭什么说自己一事无成啊？
就算你现在要放弃以前的事业
从头再来，
但是之前做过的事就在那里。

凭什么 [píng shénme] 무슨 근거로 ｜ 说 [shuō] 말하다

一事无成 [yíshiwúchéng] (성어) 하나도 이루지 못하다

就算 [jiùsuàn] 설령 ~라 해도 ｜ 现在 [xiànzài] 지금

放弃 [fàngqì] 포기하다 ｜ 以前的 [yǐqián de] 이전의

무슨 근거로 네가 이룬 게 없다는 거야?

설령 지금껏 하던 일을 포기하고

처음부터 다시 시작한다 해도

이제껏 했던 노력들은 사라지지 않아.

事业 [shìyè] 사업, 커리어

从头再来 [cóngtóuzàilái] 처음부터 다시 하다

但是 [dànshì] 하지만 | 之前 [zhīqián] 이전

那里 [nàli] 그곳

카피캣 킬러

模倣犯

일본 추리 소설의 거장 미야베 미유키의 소설 『모방범』을 1990년대 후반 대만의 풍경 속으로 가져왔다. 도시를 칠흑 같은 공포로 몰아넣은 연쇄 살인마의 엽기적인 살인 행각, 그리고 이를 집요하게 쫓는 검사 궈샤오치의 사투를 그렸다.

정체불명의 살인마는 방송국을 무대 삼아 대담한 도발을 이어가고, 궈샤오치는 범인이 던진 잔혹한 퀴즈를 풀기 위해 자신의 모든 것을 내던진다. 과연 범인의 정체는 무엇일까? 벼랑 끝에 몰린 궈샤오치는 자신을 지킬 수 있을까? 다소 자극적이고 잔혹한 묘사가 이어짐에도 불구하고, 배우들의 폭발적인 연기력과 긴장감 넘치는 연출은

감독 : 장룽지, 장헝루
주연 : 우캉런(오강인), 야오춘야오(요순요)
방영 : 2023년
장르 : 스릴러, 범죄, 미스터리
원작 : 미야베 미유키 소설 『모방범』
OTT : Netflix

23 시청자를 순식간에 극으로 빠져들게 만든다.

대만 넷플릭스 시리즈 최초로 '글로벌 톱10(비영어권)'에 진입했다. 게다가 2023년 금종상 시상식에서 총 17개 부문에 후보로 오르며 압도적인 대중성과 작품성을 입증했다.

TMI 원작 소설에서는 사건을 추적하는 인물로 형사와 기자 등 여러 캐릭터가 등장하나, 대만 드라마에서는 모든 사건을 관통하는 검사 캐릭터 '궈샤오치'를 창조해 냈다.

无论是我，还是这个世界，
黑暗都不会消失。
我们所能做的是
用更多的温暖跟光去平衡。

无论 [wúlùn] ~을 막론하고 | 还是 [háishi] 또는

这个 [zhège] 이, 이것 | 世界 [shìjiè] 세상, 세계

黑暗 [hēi'àn] 어둠 | 不会 [búhuì] ~하지 않을 것이다

消失 [xiāoshī] 사라지다 | 所 [suǒ] ~하는 바

내 안에도, 이 세상에도

어둠은 결코 사라지지 않을 겁니다.

우리가 할 수 있는 건,

더 많은 온기와 빛으로 균형을 잡는 거예요.

能 [néng] ~할 수 있다 | 做 [zuò] 하다

用 [yòng] ~으로, ~을 사용하여 | 更 [gèng] 더욱 | 多 [duō] 많다

温暖 [wēnnuǎn] 따뜻하다 | 光 [guāng] 빛

平衡 [pínghéng] 균형을 잡다

처음 꽃향기를 만난 순간

第一次遇见花香的那刻

평범한 가정주부로 살아가던 이밍은 어느 날 고교 시절 배구부 후배였던 팅팅과 우연히 재회한다. 두 사람에겐 우정과 사랑 사이 그 미묘한 지점에서 편견과 두려움에 가로막혀 멀어졌던 과거가 있다. 이밍의 삶은 팅팅과의 재회로 요동치게 된다. 두 사람은 현실의 벽을 넘어 서로에게 닿을 수 있을까?

한국에서는 아직 낯설게 느껴질 수 있는 GL ^{Girls' Love} 장르의 드라마지만, '여성 간의 사랑'에만 국한된 이야기는 아니다. 여전히 가부장적인 뿌리가 남아 있는 대만의 결혼관과 뒤늦게 자아를 찾아가는 중년 여성의 내적 혼란 등 여성들이 겪는

감독 : 덩이한
주연 : 린천시 (임진희), 청위시 (정여희)
방영 : 2021년
장르 : 로맨스, 퀴어
OTT : Netflix

갈등을 섬세하게 그려내 평단의 극찬을 받았다. 저예산 웹드라마임에도 불구하고 2022년 금종상 시상식에서 3관왕의 영예를 안으며, 서브컬처로 여겨지던 퀴어 로맨스를 주류 드라마의 위치로 끌어올렸다. 폭발적인 반향과 함께 시즌2가 제작되기도 했으며, 한국에서는 시즌1을 하나로 합쳐 영화로 개봉되었다.

怡敏: 其实每一次我都非常非常珍惜
我们相处的时光。
因为我觉得每一次都好像是最后一次。
对不起… 对不起…。
亭亭: 所以你又要抛下我了吗?

其实 [qíshí] 사실은 | 每一次 [měi yí cì] 매 순간, 매번

非常 [fēicháng] 대단히 | 珍惜 [zhēnxī] 소중히 여기다

相处 [xiāngchǔ] 함께 지내다 | 时光 [shíguāng] 시간, 세월

因为 [yīnwèi] 왜냐하면 | 觉得 [juéde] 느끼다

이밍: 실은 우리가 함께하는 매 순간을

아주아주 소중히 여겼어.

매번 그게 마지막일 것만 같았으니까.

미안해… 미안해….

팅팅: 그래서 날 또 버릴 거예요?

好像 [hǎoxiàng] 마치 ~인 것 같다 | 最后 [zuìhòu] 마지막

对不起 [duìbuqǐ] 미안하다 | 所以 [suǒyǐ] 그래서

又 [yòu] 또 | 抛下 [pāoxià] 버리다

매괴적고사

玫瑰的故事

드라마 제목 '매괴적고사'는 '장미 이야기'라는 뜻이다. 즉, 이 작품은 장미처럼 아름답고 열정적인 삶을 산 여성 황이메이의 이야기를 그렸다. 타고난 예술적 감각과 눈부신 외모로 태어날 때부터 어디를 가나 주목받았던 황이메이. 드라마는 황이메이가 갓 대학을 졸업한 20대부터 불혹에 접어든 40대까지 그녀의 삶을 관통한 네 번의 사랑과 이별을 이야기한다.

첫사랑의 열병과 실연, 결혼과 이혼, 그리고 사별까지. 화려한 꽃잎 같았던 사랑 뒤에는 언제나 실연과 상처라는 가시가 있었다. 그럼에도 황이메이는 시들지 않는다. 오히려 상처를 자양분 삼

감독 : 왕쥔
주연 : 류이페이 (유역비), 퉁다웨이 (동대위)
방영 : 2024년
장르 : 로맨스, 성장
원작 : 이수 동명 소설
OTT : Coupang Play, TVING, WATCHA

131 아 거듭 새롭게 피어난다.

마지막 장면에서 오토바이를 타고 숲길을 달리며 '완전하고도 절대적으로 내 삶을 주관하겠다'고 외치던 황이메이의 다짐은 이 시대 모든 여성들에게 던지는 뜨거운 헌사와도 같다.

TMI　황이메이 역을 맡은 배우 류이페이가 극 중 입고 나온 의상만 무려 300벌이 넘는다고 한다. 류이페이의 미모와 스타일링을 감상하는 것만으로도 눈 호강을 제대로 할 수 있는 작품이다.

从此，我不受限制。
我使我自己自由，
我走到我所愿去的任何地方。
我完全而绝对地主持着我。*

* 월트 휘트먼의 시 '열린 길의 노래(Song of the Open Road)'를 인용한 것이다.

从此 [cóngcǐ] 이제부터 ㅣ 受限制 [shòu xiànzhì] 얽매이다

使 [shǐ] ~하게 하다 ㅣ 自由 [zìyóu] 자유롭다, 자유

所 [suǒ] ~하는 바, ~하는

이제 나는 그 무엇에도 얽매이지 않는다.

나를 자유로이 놓아주며

원하는 곳은 어디든 갈 것이다.

완전하고도 절대적으로 내 삶의 주인이 되어.

愿 [yuàn] 원하다 | 任何 [rènhé] 어떠한 | 地方 [difang] 곳

完全 [wánquán] 완전히 | 绝对 [juédui] 절대적으로

主持 [zhǔchí] 주관하다

최호적아문:
가장 좋았던 우리

最好的我们

평범하고 긍정적인 소녀 경경, 장난기 넘치는 이과 천재 위화이. 흔한 청춘물의 주인공 같지만, 두 사람의 서사는 이름부터 운명적이다. 두 사람의 이름을 합치면 '경경위화이(耿耿于怀)', 즉 '항상 마음에 두고 잊지 못한다'는 뜻의 사자성어와 발음이 같다. 이 얄궂은 우연을 증명하듯 고등학교 3년 동안 사랑과 우정 사이에서 애틋한 감정을 키워가던 두 사람의 시간은 수능이 끝남과 동시에 멈춰버린다. 위화이가 가정사로 갑자기 잠적해 버리면서 마치 이름처럼 서로를 마음에 새긴 채 긴 세월을 보내게 된 두 사람. 그리고 뜻하지 않았던 10년 만의 재회까지. 둘은 '가장 좋았던

감독 : 류창
주연 : 탄쑹윈(담송운), 류하오란(류호연)
방영 : 2016년
장르 : 로맨스, 청춘, 학원
원작 : 바웨창안 동명 웹소설
OTT : WATCHA, Wavve

우리'로 돌아갈 수 있을까?

쏟아지는 청춘물 속에서 '10년이 지나도 이 작품을 뛰어넘는 청춘물은 나오지 않을 것'이라는 찬사를 받았다. 방영 당시, 더우반에서 8.9점이라는 경이적인 기록을 세운 것은 물론(보통 웰메이드 로맨스 드라마의 경우 7점대), 영화 버전까지 제작되어 큰 사랑을 받았다. 중국 팬들은 이 드라마를 두고 '내 학창 시절의 다큐멘터리'라 말한다.

TMI 경경과 위화이는 극 중 동갑내기 친구로 나오지만, 실제로는 일곱 살 차이가 난다. 촬영 당시 남자 주인공 류하오란은 갓 수능을 마친 학생이었던 반면, 여자 주인공 탄쑹윈은 20대 중반이었다. 탄쑹윈의 독보적인 동안 덕분에 완벽한 '동갑 케미'가 완성되었다고.

当时的他是最好的他，
可是很久很久以后的我，
才是最好的我。
最好的我们之间，隔了一整个青春。
怎么奔跑也跨不过的青春。

当时 [dāngshí] 당시, 그때 | 他 [tā] 그, 그 사람

最好的 [zuìhǎo de] 최고의 | 可是 [kěshì] 하지만

多久 [duōjiǔ] 오래 | 以后 [yǐhòu] 이후

间 [jiān] 사이 | 隔 [gé] 막다, 간격이 있다

그 시절, 그는 가장 빛났다.

하지만 나는 아주 오랜 시간이 지나서야

빛나는 내가 되었다.

가장 빛나는 우리 둘 사이에 청춘이 있다.

아무리 달려도, 뛰어넘을 수 없는 그 청춘이.

一整个 [yī zhěng gè] 온전한 하나의, 전체의

青春 [qīngchūn] 청춘 | 怎么 [zěnme] 아무리 ~해도

奔跑 [bēnpǎo] 달리다 | 跨不过 [kuà buguò] 넘을 수 없다

태양을 보지 않았다면

如果我不曾见过太阳

자신을 어둠 속의 나방이라 여겼으나, 실은 빛을 갈망하는 검은 나비였던 남자 리런야오. 그는 동창생 여러 명을 잔혹하게 살해한 악명 높은 연쇄 살인범이다. 그를 괴물로 만들었던 비극의 시발점에는 고교 시절의 집단 괴롭힘과 방관자들의 침묵이 있었다. 그런 리런야오 앞에 나타난 나비처럼 눈부신 소녀 장샤오퉁은 난생처음 희망을 품게 만든 사람이었다. 그러나 그 운명적인 만남은 두 사람을 애잔하다 못해 처절한 비극으로 치닫게 만든다. 가해와 피해의 모호한 경계에서 숨어야만 살 수 있는 피해자가 된 장샤오퉁과 피해자에서 가해자가 되어버린 리런야오. 두 사람은

감독: 장지정, 젠치펑
주연: 쩡징화 (증경화), 리무 (이목), 커자옌 (가가연)
방영: 2025년
장르: 범죄, 스릴러
OTT: Netflix

 서로를 구원할 수 있을까?

아시아를 강타한 드라마 〈상견니〉 제작진이 다시 모인 작품으로 방영 전부터 큰 화제를 모았다. 〈상견니〉의 풋풋한 영상미와는 달리 시종일관 어둡고 가끔은 기괴한 톤으로 서사가 흐르지만, 촘촘한 구성과 인간 내면의 상처를 파고드는 섬세함은 여전히 닮아 있다. 특히 이마의 핏줄까지 제어하던 주연 배우들의 열연은 강렬하고도 서늘한 잔상을 남긴다.

TMI 드라마 제목은 미국 시인 에밀리 디킨슨의 시 구절 'Had I not seen the Sun'을 그대로 인용한 것이다. 작가진은 이 시처럼 '희망(태양)을 맛보고 나면 현실의 고통(어둠)을 더 참기 힘들어진다'는 역설을 이야기하고 싶었다고 한다.

为什么你们每个人都可以好像
没有事情发生一样继续过生活？
你们每个人都可以往前走，
为什么只有我一个人要永远留在那一天？

为什么 [wèishénme] 어째서, 왜 | 你们 [nǐmen] 너희

每个人 [měi gè rén] 모든 사람, 각자 | 可以 [kěyǐ] ~할 수 있다

好像 [hǎoxiàng] 마치 ~인 것 같다 | 发生 [fāshēng] 발생하다

一样 [yíyàng] ~와 같이 | 继续 [jìxù] 계속하다

过生活 [guò shēnghuó] 살아가다

어째서 너희는 아무 일도 없었다는 듯

태연하게 살아갈 수 있는 거야?

너희는 모두 앞으로 나아가는데,

왜 나만 혼자 영원히 그날에 갇혀 있어야 해?

往前走 [wǎng qián zǒu] 앞으로 나아가다

只有 [zhǐyǒu] 오직 ~만 | 一个人 [yí gè rén] 혼자

永远 [yǒngyuǎn] 영원히 | 留在 [liúzài] 남다

那一天 [nà yì tiān] 그날

개단 : RESET

开端

평화롭게 달리던 45번 버스가 유조차와 충돌하며 폭발한다. 그리고 다시 눈을 뜨면, 폭발 직전의 45번 버스 안! 대학생 리스칭과 게임 개발자 샤오허윈은 지옥 같은 버스 폭발을 반복해 겪는 무시무시한 타임루프에 갇혀버린다. 살기 위해서는 테러범을 찾아 폭발을 막아야만 하는 상황. 과연 두 사람은 이 폭발을 막아낼 수 있을까? 승객들 중 범인은 누구이며, 그 뒤에는 어떤 사연이 숨어 있을까?

2022년 텐센트 비디오에서 단독 방영한 뒤, 사흘 만에 조회수 1억을 돌파하고 종영 시점에는 20억을 돌파하며 신드롬을 일으켰다. 반복되는

감독: 쑨모룽, 류훙위안, 라오쑤안
주연: 자오진마이 (조금맥), 바이징팅 (백경정)
방영: 2022년
장르: 미스터리, SF
원작: 치다오쥔 동명 웹소설
OTT: Coupang Play, TVING, WATCHA

 시간에 갇힌 두 남녀의 처절한 사투는 물론이고, 버스 승객 한 명 한 명의 사연 역시 눈을 뗄 수 없게 만든다. 기존의 타임루프물을 넘어 진실 규명보다 도덕적 심판에 익숙한 현대 사회에 묵직한 경고를 던지는 수작이다.

TMI 범인이 폭탄으로 개조해 들고 다니던 도구가 가정용 압력 밥솥이었는데, 드라마 방영 이후 웨이보에서는 #압력밥솥공포증 (高压锅 PTSD) 해시태그가 실시간 검색어를 장악하며 밈이 쏟아졌다.

网上那些人，他们只会在自己的认知
范围和道德标准下去评判别人，他们
只相信自己看到的，很少有人会真的
站在对方的角度去思考问题。

网上 [wǎng shàng] 온라인

认知范围 [rènzhī fànwéi] 인지 범위

道德标准 [dàodé biāozhǔn] 도덕적 기준

评判 [píngpàn] 평가하다, 심판하다 | 别人 [biérén] 다른 사람

相信 [xiāngxìn] 믿다

온라인에서는 다들 자기가 아는 범위에서 자기
만의 도덕적 기준으로 남을 평가하죠. 자기가
본 것만 믿을 뿐, 진심으로 상대방 입장에서 생
각하는 사람은 거의 없어요.

看到的 [kàn dào de] 본 것 | 很少 [hěn shǎo] 매우 적다

真的 [zhēnde] 진심으로

站在~角度 [zhànzài~jiǎodù] ~의 입장에 서다

对方 [duìfāng] 상대방

思考 [sīkǎo] 사고하다 | 问题 [wèntí] 문제

당아비분향니 :
너에게로 달려갈게

当我飞奔向你

　밝고 명랑한 열여섯 소녀 쑤짜이짜이와 꽃미남이자 까칠한 모범생 장루랑의 청춘 로맨스다. 밝고 적극적인 여자 주인공이 차가운 남자 주인공의 마음을 차차 녹여간다는 흔한 설정처럼 보이지만, 이 드라마의 무기는 '너에게로 달려갈게'라는 부제처럼 고구마 전개 없이 직진 전개를 내세운다는 점이다. 특히 두 사람이 연인이 되기 전, 썸을 타는 과정은 '연애보다 더 설렌다'는 평을 이끌어내며 화제를 모았다. 쑤짜이짜이가 늘 들고 다니던 캠코더 속 영상은 아날로그 감성을 자극하며 그 시절의 향수를 불러일으킨다.

　학창 시절 풋풋한 첫사랑의 추억이 있다면, 가

감독 : 마오더수
주연 : 장먀오이 (장묘이), 저우이란 (주익연)
방영 : 2023년
장르 : 로맨스, 청춘, 학원
원작 : 주이 웹소설 『그녀의 병은 가볍지 않아 (她病得不轻)』
OTT : TVING, WATCHA, Wavve

장 흔들렸지만 한편으론 가장 설레던 청춘이 그립다면, 이 무해하고도 사랑스러운 청춘 드라마를 보아도 좋겠다.

TMI 마오더수 감독은 과거 SNS에서 유명한 영상 크리에이터였다고 한다. 극 중 쑤짜이짜이가 사용하는 캠코더 속 영상은 바로 마오더수 감독의 시그니처 스타일인 일본풍 감성과 레트로 필터를 그대로 녹여낸 것이다.

大人们总说
青春总是充满太多的变数，
但十六岁的我们，
却正是因为这些不知到底会带来
惊喜还是惊吓的变数，
才会前所未有地期待着每一个明天。

大人们 [dàrénmen] 어른들 ┃ 总(是) [zǒng(shi)] 늘, 항상

充满 [chōngmǎn] 가득 차다 ┃ 变数 [biànshù] 변수

但 [dàn] 하지만 ┃ 却 [què] 오히려

正是因为 [zhèngshì yīnwèi] 바로 ~ 때문이다

不知 [bùzhī] 알지 못하다 ┃ 到底 [dàodǐ] 도대체

어른들은

청춘이란 변수로 가득하다고 말한다.

하지만 열여섯의 우리는

기쁨일지 두려움일지 모를

바로 그 변수들 덕분에

그 어느 때보다 간절히 모든 내일을 기대할 수 있다.

带来 [dàilái] 가져오다 | 惊喜 [jīngxǐ] 서프라이즈

还是 [háishi] 또는 | 惊吓 [jīngxià] 놀람, 충격

前所未有 [qiánsuǒwèiyǒu] 전무후무하다, 유례없다

期待 [qīdài] 기대하다 | 明天 [míngtiān] 내일

별처럼 빛나는 너에게

一闪一闪亮星星

대만 드라마 〈상견니〉와 한국 드라마 〈선재 업고 튀어〉를 좋아하는 사람이라면, 이 작품 역시 마음에 들 것이다. 세 작품 모두 시간 여행을 테마로 한 애절한 청춘 로맨스라는 공통점이 있기 때문이다. 〈상견니〉와 〈선재 업고 튀어〉에서 각각 카세트테이프와 시계가 타임슬립의 매개체라면, 이 작품에서는 오래된 휴대폰의 메시지가 그 역할을 한다.

주인공은 서른을 앞두고 실연을 당한 여성 린 베이싱. 그녀는 우연히 어릴 때 쓰던 휴대폰을 발견해 문자를 삭제하다가 갑자기 열여덟 살 고등학생으로 돌아간다. 그리고 그곳에서 고교 시절

감독 : 천샤오밍, 장판
주연 : 장자닝(장가녕), 취추샤오(굴초소)
방영 : 2022년
장르 : 로맨스, 청춘, 판타지
OTT : TVING, WATCHA, Wavve

기억에는 없는 남학생 장완선과 엮이게 된다. 반복되는 시간 여행 속에서 장완선에게 닥칠 비극적인 운명을 막기 위해 필사적인 사투를 벌이는 린베이싱, 그리고 뒤늦게 드러나는 장완선의 오랜 짝사랑 서사가 눈물샘을 자극한다. 드라마의 인기에 힘입어 엔딩의 서사를 확장한 스핀오프 영화가 제작되었으며, 2024년 한국에서도 정식 개봉되어 팬들의 사랑을 받았다.

TMI 드라마의 명대사 '장완선, 눈이 와(张万森, 下雪了)'에서 착안해 중국 제작사는 영화 개봉에 맞춰 '눈 내리는 상영회'를 열었다. 대사가 나오는 타이밍에 천장에서 인공 눈을 뿌렸는데, 양 조절 실패로 관객들이 '눈사태가 났다'며 SNS에 인증샷을 올리는 해프닝이 있었다.

神秘人：鱼儿逐浪而来，
殊不知大海就在后面。
这个桶里怎么能是他们的全世界呢？
林北星：全世界在哪儿？
神秘人：全世界在你的身后，
在你的过去。

鱼儿 [yúr] 물고기 | 逐浪而来 [zhúlàng'érlái] 파도를 쫓아오다

殊不知 [shū bù zhī] (미처) 알지 못하다 | 大海 [dàhǎi] 큰 바다

后面 [hòumian] 뒤, 뒤쪽 | 桶 [tǒng] 통, 양동이

신비의 인물 : 물고기는 파도를 따르느라

정작 뒤에 바다가 있다는 걸 모르지.

이 작은 통이 어찌 물고기들의 전 세계이겠나?

린베이싱 : 그럼 전 세계는 어디에 있는데요?

신비의 인물 : 전 세계는 너의 뒤에,

너의 과거에 있단다.

怎么能 [zěnme néng] 어떻게 ~할 수 있겠는가

全世界 [quán shìjiè] 전 세계 | 哪儿 [nǎr] 어디, 어느 곳

身后 [shēnhòu] 등 뒤 | 过去 [guòqù] 과거

如果当时你没走，
后来的我们会不会不一样？

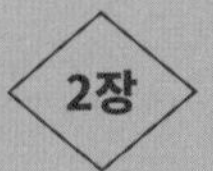

영화

청춘의 한 페이지부터 묵직한 가족 서사,

그리고 인간애를 그린 대작들까지

가슴속에 강렬한 여운을 남길

중화권 영화의 세계로 초대합니다

소년시절의 너

少年的你

한국에서만 2020년, 2021년, 2024년까지 무려 세 차례나 개봉했다. 그때마다 관객들의 눈물을 자아냈다. 모범생 소녀 첸니엔과 양아치 소년 베이의 청춘 로맨스로 자주 소개되지만, 단순히 로맨스로만 단정 짓기에는 그 서사의 깊이가 남다르다. 입시 지옥과 학교 폭력이라는 가혹한 현실 위에서 각자 다른 상처를 안고 살아가는 두 청춘이 서로를 보듬고 구원하는 이야기를 그렸다. 그 흔한 '사랑한다'는 고백 없이도, 서로를 향한 슬프고 시린 사랑이 스크린을 가득 채운다.

2020년 홍콩 금상장 영화제에서 최우수 작품상, 감독상, 각본상 등 8개 부문을 석권했고, 2021

감독 : 쩡궈샹
주연 : 저우동위 (주동우), 이양첸시 (이양천새)
개봉 : 2019년
장르 : 범죄, 드라마, 로맨스
원작 : 주웨시 웹소설 『이토록 아름다운, 소년 시절의 너
　　　　(少年的你，如此美丽)』
OTT : Coupang Play, Disney+, WATCHA

 년 미국 아카데미 시상식에서는 국제 장편 영화 상 후보에 오르며 전 세계적으로 작품성을 인정받았다. 특히 주연을 맡은 저우동위와 이양첸시의 소름 돋는 연기는 관객들에게 깊은 여운을 남겼다.

TMI　극 중 학교 폭력을 당한 첸니엔이 머리를 삭발하자 베이가 함께 머리를 미는 장면은 이 영화의 명장면으로 꼽힌다. 당시 저우동위는 톱스타임에도 실제로 삭발을 감행했고, 저우동위를 응원하기 위해 감독, 작가, 스태프 일부가 삭발을 해 큰 화제를 모았다.

你保护世界，
我保护你。

世界 [shìjiè] 세상, 세계 ｜ 我 [wǒ] 나

你 [nǐ] 너 ｜ 保护 [bǎohù] 지키다, 보호하다

世界 [shìjiè] 세상, 세계 ｜ 我 [wǒ] 나

넌 세상을 지켜,

난 너를 지킬게.

넌 세상을 지켜,

난 너를 지킬게.

네 마음에 새겨진 이름

刻在你心底的名字

1987년, 38년간 지속된 계엄령이 막 해제된 격변의 대만. 남고에 다니는 자한과 버디는 서로에게 정의하기 힘든 감정을 느낀다. 하지만 사회에 만연해 있던 동성애 혐오와 부모님의 기대 속에서 두 소년은 서로에 대한 마음을 숨길 수밖에 없다. 진심으로 사랑했지만, 그래서 더 가까이 다가갈 수 없었던 두 소년의 애틋한 진심이 스크린 너머로 전해진다.

대만에서 퀴어 영화로는 사상 최초로 박스오피스 1억 대만 달러(한화 약 40억 원)를 돌파하며 역대 퀴어 영화 흥행 1위라는 대기록을 세웠다. 주연 배우들의 섬세한 연기는 물론이고, 시대 분위

감독 : 류광후이
주연 : 천하오썬(진호삼), 쩡징화(증경화)
개봉 : 2020년
장르 : 로맨스, 퀴어
OTT : Netflix

 기 재현과 OST까지 모두 훌륭하다는 평을 받은
작품이다.

> **TMI** 류광후이 감독은 이 영화가 픽션이 아니라 자신의 이야기라고 했다.
> 자한은 감독 본인이며, 버디는 그가 학창 시절 짝사랑했던 친구라는
> 것이다. 놀라운 건, 영화 개봉 후 30년 만에 그 친구와 연락이 닿았는
> 데 친구가 '사실 그때 나도 너를 좋아했다'고 뒤늦은 고백을 전했다
> 고 한다.

我敢说出来我喜欢谁，
你敢不敢？

我 [wǒ] 나 | 敢 [gǎn] 감히 ~하다

说出来 [shuō chūlái] 입 밖으로 내다, 털어놓다

난 내가 누굴 좋아하는지 말할 수 있어,

넌 그럴 용기 있어?

喜欢 [xǐhuan] 좋아하다 ㅣ 谁 [shéi] 누구

你 [nǐ] 너 ㅣ 不敢 [bù gǎn] 감히 ~하지 못하다

대지진

唐山大地震

　재난 영화는 언제나 슬프고 무섭다. 언젠가 나의 일이 될 수도 있다는 현실감 때문이다. 그래서 이 영화를 처음 봤을 때의 충격과 슬픔을 지금도 잊을 수 없다. 잔혹한 지진 현장의 묘사는 끔찍하고, 그 현장에서 시작된 비극적인 사연은 너무나 쓰라리고 안타깝다. 원제는 '탕산대지진'. 23초 만에 24만 명의 죽음을 앗아간 1976년 탕산 대지진과 이후 2008년 쓰촨성 대지진을 연결하며 당시 실화를 바탕으로 살아남은 자들의 상처와 치유를 그렸다.

　1976년, 중국 탕산 지역에 규모 7.8의 대지진이 발생한다. 건물이 무너지고 땅이 갈라지는 아비

감독 : 펑샤오강
주연 : 쉬판(서번), 장징추(장정초), 리천(이신)
개봉 : 2010년
장르 : 재난, 드라마, 가족
원작 : 장링 소설 『여진(余震)』
OTT : TVING, WATCHA, Wavve

규환 속에서 아버지는 죽고, 어머니는 간신히 목숨을 건진다. 그리고 무너진 잔해 양쪽 끝에 쌍둥이 남매가 깔려 있다. '둘 중 하나만 구할 수 있다'는 구조대의 말에 어머니는 결국 아들을 택한다. 잔해 밑에서 어머니의 잔인한 선택을 듣고 있던 딸은 기적적으로 살아남아 어느 가정으로 입양된다. 비극의 시작이다. 어머니에게 버려졌다는 상처를 안고 살아가는 딸, 그리고 평생 죄책감에 시달리는 어머니. 과연 두 사람은 재회할 수 있을까? 딸은 어머니를 용서할 수 있을까?

没了，
才知道什么叫没了。

没了 [méi le] 없어지다, 사라지다 | 才 [cái] 비로소

知道 [zhīdào] 알다 | 什么 [shénme] 무엇

叫 [jiào] ~라고 하다, 부르다

잃고 나서야 비로소 알게 되지,

'잃는다'는 게 무엇인지.

그 시절,
우리가 좋아했던 소녀

那些年，我们一起追的女孩

공부도 잘하고 얼굴도 예쁜 모범생 션자이, 그리고 장난기 많은 소년 커징텅. 수업 시간마다 사고를 치는 커징텅은 션자이의 특별 감시 대상이 된다. 커징텅은 션자이 덕에 처음으로 공부에 재미를 느끼게 되고, 션자이는 커징텅의 순수한 열정에 조금씩 마음이 열린다. 두 사람은 설렘을 키워가지만, 아쉽게도 청춘의 사랑은 서툴기만 하다. 오해와 갈등 속에서 결국 각자의 길을 걷는 두 사람, 이들의 첫사랑은 과연 이루어질까?

'대만 청춘 로맨스'의 대명사로 불리며, 중국은 물론 한국에서도 많은 사랑을 받은 전설적인 작품이다. 주바다오 감독의 실제 경험을 담은 것으

감독: 주바다오
주연: 천옌시 (진연희), 커전둥 (가진동)
개봉: 2011년
장르: 로맨스, 청춘
원작: 주바다오 동명 소설
OTT: Coupang Play, TVING, Wavve

 로 알려져 개봉 전부터 화제였다. 대만 특유의 청량한 감성과 아련한 청춘 이야기를 좋아한다면 무조건 사랑하게 될 영화다.

TMI　주바다오 감독의 본명이 커징텅이다. 즉, 자신의 이름을 주인공 이름으로 쓴 것. 션자이의 실제 모델이었던 인물은 영화 개봉 당시 소란을 피하고 싶어 대만을 잠시 떠나 있었다고 한다.

谢谢你喜欢我。
我也很喜欢当年那个喜欢你的我。

谢谢 [xièxie] 고맙다 | 喜欢 [xǐhuan] 좋아하다

也 [yě] ~도, 역시 | 很 [hěn] 매우, 아주

当年 [dāngnián] 그때, 그해 | 那个 [nàge] 그, 저

날 좋아해 줘서 고마워.

나도 널 좋아했던 그 시절의 내가 좋아.

인생대사

人生大事

전과자 신분에 아버지와의 관계는 소원하고, 삶의 목표마저 없이 방황하는 남자 싼메이. 그는 집안 대대로 3대째 운영하는 장례 업체에서 마지못해 장례 지도사로 일하고 있다. 그러던 어느 날, 한 노인의 장례를 치르던 중 '우리 외할머니는 어디 갔냐'며 꼬마 손녀 샤오원이 나타난다.

외할머니의 죽음으로 고아가 된 샤오원은 우여곡절 끝에 싼메이와 함께 살게 되고, 싼메이는 느닷없이 맡게 된 이 작은 아이를 돌보며 서서히 변해간다. 혈연관계는 아니지만, 새로운 형태의 가족이 되어가는 이야기다.

〈인생대사〉는 눈물, 웃음, 감동이라는 흥행 공

감독 : 류장장
주연 : 주이룽 (주일룽), 양언유 (양은우)
개봉 : 2022년
장르 : 드라마, 가족
OTT : Netflix

식을 훌륭하게 충족하며 각종 상을 휩쓸었다. 장례 지도사라는 직업이 가진 가치, 삶과 죽음의 의미 등 무거운 메시지를 전달하면서도 죽음에 대한 사색은 적절한 수준에서 멈춘다. 죽음은 슬프지만 결코 슬프기만 한 것은 아니라고, 인생의 가장 커다란 사건이자 삶의 한 과정이며, 끝이 아니라 하늘의 별이 되는 것임을 따뜻한 시선으로 전한다.

天上每一颗星星，
都是爱过我们的人。

天上 [tiān shàng] 하늘, 천상 | 颗 [kē] 알, 방울

星星 [xīngxing] 별 | 都是 [dōu shì] 모두 ~이다

爱 [ài] 사랑하다 | 我们 [wǒmen] 우리 | 人 [rén] 사람

하늘에 있는 별 하나하나가

전부 우리를 사랑했던 사람들이야.

바보들의 기적

奇迹·笨小孩

　'기회의 땅'이라 불리는 중국 선전. 스무 살 청년 징하오는 선천성 심장병을 앓는 어린 여동생의 수술비를 마련하기 위해, 맨몸으로 휴대폰 수리 사업에 뛰어든다. 끝없이 시련이 들이닥치지만 징하오는 포기하지 않고 다시 일어선다. 그리고 사회에서 소외되거나 어딘가 하나씩 부족해 보이던 사람들이 그의 곁에 모여 다 함께 놀라운 기적을 만들어낸다.

　우리 사회가 원만하게 돌아가고 발전을 거듭할 수 있는 건, 보이지 않는 곳에서 땀 흘리는 소시민들의 바보 같은 우직함 덕분이 아닐까. 감동과 재미를 다 잡은 탄탄한 연출, 그리고 믿고 보는 배우

감독 : 원무예
주연 : 이양첸시 (이양천새), 톈위 (전우)
개봉 : 2022년
장르 : 드라마, 코미디, 가족
OTT : Netflix

이양첸시의 진정성 있는 연기가 만나 훌륭한 작품이 탄생했다. 대중성과 작품성을 모두 인정받으며 2023년 아카데미 시상식 국제 장편 영화상 중국 대표 출품작으로 선정되기도 했다.

TMI　전국의 중국어 선생님들께 수업 시간에 학생들과 함께 감상하면 좋을 영화로 추천하고 싶다.

你记住。
只要咱们努力，
就没什么是不可能的。

记住 [jìzhù] 기억해 두다 l 只要 [zhǐyào] ~하기만 하면

咱们 [zánmen] 우리(화자와 청자 모두 포함)

명심해.

열심히 노력하기만 하면,

불가능한 건 없어.

努力 [nǔlì] 노력하다 | 没什么 [méi shénme] ~한 것은 없다

不可能 [bù kěnéng] 불가능하다

먼 훗날 우리

后来的我们

춘절(중국의 설날), 북적이는 귀성열차에서 우연히 만난 샤오샤오와 젠칭. 꿈은 크지만 가진 것 없던 시절, 두 사람의 사랑은 풋풋하고도 애틋했으나 냉혹한 현실의 벽은 두 사람을 이별로 이끈다. 그리고 10년 후, 베이징행 비행기에서 운명처럼 재회하는 두 사람. 이들의 만남이 더없이 슬픈 것은 그 시절이 아무리 그리워도 되돌릴 수 없다는 사실을 서로가 잘 알기 때문이다.

영화는 색채 대비를 보여주며 과거와 현재를 오간다. 가진 건 '우리'뿐이었던 과거는 총천연색으로, 모든 걸 가졌지만 '우리'가 없는 현재는 무채색으로 표현하며, 서로가 없는 세상의 쓸쓸함

감독 : 류뤄잉
주연 : 저우동위(주동우), 징보란(정백연)
개봉 : 2018년
장르 : 로맨스, 드라마
원작 : 류뤄잉 단편소설 『춘절, 귀가(过年, 回家)』
OTT : Netflix

 을 시각적으로 완벽하게 구현한다.

개봉 당시 기준, 중화권 영화 역사상 여성 감독 데뷔작 중 최고 흥행 기록을 세웠고, 류뤄잉은 이 작품으로 '천만 감독'의 반열에 올랐다. 한국에서는 구교환, 문가영 주연의 영화 〈만약에 우리〉로 리메이크되었다.

TMI 감독 류뤄잉은 대만의 전설적인 가수이자 배우다. 특히 '허우라이 (后来, 훗날)'라는 곡이 무척이나 유명한데, 영화 제목은 바로 이 노래 제목에서 파생된 것이다.

如果当时你没走，
后来的我们会不会不一样？

如果 [rúguǒ] 만약 | 当时 [dāngshí] 그때, 당시

走 [zǒu] 떠나다, 가다 | 后来 [hòulái] 훗날, 그 후

我们 [wǒmen] 우리 | 不一样 [bù yíyàng] 다르다

그때 네가 떠나지 않았더라면,

훗날 우리는 달라졌을까?

잃어버린 아이들

失孤

두 살배기 아들을 유괴당한 아버지 레이저콴은 오토바이 한 대에 의지하며 중국 전역을 떠돈다. 오토바이 뒤에는 아들의 사진이 담긴 커다란 깃발이 펄럭이고 있다. 길을 달리다 사고를 당하자, 한 청년이 오토바이를 수리해 준다. 어릴 때 유괴당해 친부모의 기억을 잃은 쩡솨이다. 아들을 잃은 아버지와 부모를 잃은 아들, 두 사람은 슬프고도 아름다운 동행을 시작한다.

원제 '실고(失孤)'는 펑싼위안 감독이 사회 현상을 반영해 만든 조어로 알려진다. 중국에는 '한 자녀 정책'의 시행으로 '외동 자녀(独)를 사고나 질병으로 잃고(失) 홀로 남겨진 부모'를 가리키는

감독 : 펑싼위안
주연 : 류더화(유덕화), 징보란(정백연)
개봉 : 2015년
장르 : 드라마
OTT : Coupang Play, TVING, WATCHA, Wavve

'실독(失独)'이라는 용어가 있는데, 감독은 여기에서 착안해 '아이를 잃은 부모는 평생 고독(孤)하고 부모를 잃은 아이 또한 고아(孤)가 된다'는 의미를 담아 '실고'라는 제목을 지었다. 특히 이 영화는 아들이 유괴된 후, 오토바이에 깃발을 꽂고 24년간 중국 전역을 돌았던 실존 인물의 사연을 바탕으로 제작되어 큰 화제를 모았다.

TMI   영화 개봉 6년 후, 영화의 실제 주인공이 24년 만에 잃어버린 아들을 찾았다. 부자의 극적인 상봉은 중국 전역을 울음바다로 만들었으며, 아버지 역을 맡았던 배우 류더화도 축하 메시지를 보냈다고 한다.

走过的路，
见过的人，
各有其因，
各有其缘。

走过 [zǒu guò] 걸어오다, 지나오다 ｜ 路 [lù] 길

见过 [jiàn guò] 만난 적 있다 ｜ 人 [rén] 사람 ｜ 各 [gè] 각자

그대가 걸어온 길도

만났던 사람들도

저마다 이유가 있고

저마다 인연이 있는 법입니다.

有 [yǒu] 있다 ｜ 其 [qí] 그, 그것의

因 [yīn] 이유, 원인 ｜ 缘 [yuán] 인연

상견니

想见你

아시아를 강타했던 메가 히트 드라마 〈상견니〉의 세계관을 영화로 확장한 작품이다. 드라마 제작진과 주연 배우 3인방이 그대로 뭉쳐 개봉 전부터 폭발적인 기대를 모았다.

영화는 드라마의 세계관에 '멀티버스(평행우주)' 설정을 도입해 완전히 새로운 타임라인과 스토리를 선보인다. 즉, 인물은 같지만 운명은 다른 것이다. 서로를 너무나 사랑했던 리쯔웨이와 황위쉬안은 신비한 카세트테이프와 노래(가수 우바이의 '라스트 댄스')를 통해 끊임없이 시공간을 오가며 서로를 되살리려 애쓴다. 뒤엉킨 타임라인 속에서 과연 두 사람은 서로를 살리고, 미래를 바

감독 : 황텐런
주연 : 쉬광한(허광한), 커자옌(가가연), 스보위(시백우)
개봉 : 2022년
장르 : 판타지, 로맨스, 미스터리
OTT : Coupang Play, Netflix, WATCHA, Wavve

 꿀 수 있을까?

드라마에 비해 급작스러운 전개와 복잡한 서사가 아쉬웠다는 평도 있지만, 드라마 〈상견니〉를 사랑했던 상친자들에게는 커다란 선물이 되었다. 감독과 작가는 '드라마 팬들에게 바치는 또 하나의 가능성'이라고 설명하기도 했다.

TMI 한국 개봉 당시, 주연 배우 3인방 쉬광한, 커자옌, 스보위가 내한해 무대 인사를 했다. 당시 예매 오픈 1분 만에 전석이 매진되는 기염을 토했다.

当我想你的时候，
我都会听这首歌。
因为这首歌让我找到了你。

当~的时候 [dāng~de shíhou] ~할 때 l 想 [xiǎng] 보고 싶다

会 [huì] ~할 것이다 l 听 [tīng] 듣다

난 네가 보고 싶을 때면,

이 노래를 들어.

이 노래가 널 찾게 해줬거든.

这首歌 [zhè shǒu gē] 이 노래 | 因为 [yīnwèi] 왜냐하면

让 [ràng] ~하게 하다 | 找 [zhǎo] 찾다

작고 작은 나

小小的我

영화 〈소년시절의 너〉에서 거친 양아치 소년을 연기했던 배우 이양첸시가 이번에는 뇌성마비가 있는 청년으로 파격적인 변신을 했다. 사범대 진학을 꿈꾸지만, 신체적 장벽과 세상의 편견에 맞서 싸워야 하는 스무 살 청년 류춘허다.

신체적으로는 매 순간 불편과 좌절을 경험하지만, 누구보다 강인한 내면을 가진 류춘허는 자신을 둘러싼 온갖 편견과 싸운다. 그 곁에는 늘 바쁜 엄마를 대신해 보호자이자 친구가 되어준 외할머니가 있다. 영화는 세상이 규정한 '작고 작은 나'였던 소년이 스스로 알을 깨고 나와 '커다랗고 빛나는' 온전한 자신이 되어가는 과정을 그렸다.

감독 : 양리나
주연 : 이양첸시 (이양천새), 천쑤쥔 (진소군)
개봉 : 2024년
장르 : 가족, 드라마
OTT : Netflix

〈작고 작은 나〉는 작품성을 인정받으며 2025년 한 해 동안 중국 내 주요 시상식을 휩쓸었다. 무엇보다 이양첸시의 압도적인 연기력은 평단과 대중의 극찬을 이끌어내며, 2025년 중국 영화 금계상 최우수 남우주연상의 영예를 안겨주었다.

我只是想让你们看见，
再渺小，再破碎的个体，
也都是完整的我。

只是 [zhǐshì] 단지 ~일 뿐이다 | 想 [xiǎng] ~하고 싶다

让 [ràng] ~하게 하다 | 你们 [nǐmen] 너희들, 당신들

看见 [kànjiàn] 보다

再~也~ [zài~yě~] 아무리 ~하더라도 결국 ~하다

그저 모두에게 보여주고 싶었습니다.

아무리 작고 부서진 개체일지라도

그 역시 완전한 나라는 것을요.

渺小 [miǎoxiǎo] 미미하다, 보잘것없다

破碎 [pòsuì] 부서지다 | 个体 [gètǐ] 개체

都是 [dōu shì] 모두 ~이다 | 完整的 [wánzhěng de] 완전하다

여름날 우리

你的婚礼

　한국 영화 〈너의 결혼식〉을 리메이크한 작품이다. 원제 또한 '너의 결혼식(你的婚礼)'이나, 한국에서는 '여름날 우리'로 개봉했다. 리메이크작이 원작을 뛰어넘었다는 평가를 받으며 한국에서만 무려 세 차례나 개봉하는 기염을 토했다. 특히 〈상견니〉로 유명해진 쉬광한과 '대륙의 첫사랑'이라 불리는 장뤄난의 비주얼 합이 그야말로 환상적이라는 찬사가 쏟아진 작품이다.

　첫사랑의 결혼식에 하객으로 참석하는 기분은 어떤 것일까? 그리고 과거의 이별이, '후회'라는 두 글자를 입 밖으로 내뱉은 한순간의 말실수 때문이었다면. 엔딩 장면의 '당신을 사랑했으니 후

감독: 한톈
주연: 쉬광한(허광한), 장뤄난(장약남)
개봉: 2021년
장르: 청춘, 로맨스, 코미디
원작: 한국 영화 〈너의 결혼식〉
OTT: Coupang Play, TVING, WATCHA, Wavve

회는 없습니다(爱过你, 我不遗憾)'라는 문장처럼 비록 이루어지지 않았어도, 한때 치열하게 사랑했다는 기억 하나만으로도 아름답게 남을 수 있는 것, 어쩌면 첫사랑은 그런 것일지도 모르겠다.

我怎么会后悔呢。
我的青春里，所有的幸福
都是你给我的。

怎么会 [zěnme huì] 어떻게 ~일 수 있겠어?

后悔 [hòuhuǐ] 후회하다 | 青春 [qīngchūn] 청춘 | 里 [lǐ] 안, 속

내가 어떻게 후회를 하겠어.

내 청춘의 행복이란 행복은

전부 다 네가 준 건데.

所有的 [suǒyǒu de] 전부, 모든 | 幸福 [xìngfú] 행복

都 [dōu] 다, 모두 | 给 [gěi] 주다

맵고 뜨겁게

热辣滚烫

무직, 100kg 넘는 몸무게, 믿었던 친구와 남자친구의 배신, 그리고 가족들의 구박. 이 차디찬 현실 속에서 주인공 두러잉은 철저히 혼자다. 모두의 시선을 피해 숨어 지내던 그녀가 절벽에 다다르던 어느 날, 우연히 복싱 체육관을 발견한다. 그리고 결심한다. 단 한 번이라도 '이기는 기분'을 느껴보리라고. 패배와 무시에 익숙하던 두러잉은 사각의 링 위에서 펀치를 날리며 맵고 뜨겁게 끓어오른다.

중국의 코미디언이자 감독인 자링이 직접 연출과 주연을 맡았다. 이 영화가 중국 전역을 뒤흔든 건, 그녀의 도전 때문이다. 촬영 중 실제로 50kg을

감독 : 자링
주연 : 자링 (가령), 레이자인 (뇌가음)
개봉 : 2024년
장르 : 코미디, 드라마, 스포츠
원작 : 일본 영화 〈백엔의 사랑〉
OTT : Netflix

감량하며 복서의 몸으로 완벽하게 변신해 화제를 모았다. 변화한 건, 겉모습만이 아니다. 언제나 타인의 시선에 갇혀 살던 소심한 주인공이 후반부로 갈수록 단단하고 주체적으로 변해가는 모습은 '나의 마음을 먼저 살펴도 좋다'는 뜨거운 위로를 전해준다. '나를 구할 수 있는 건 나 자신뿐이며, 나 자신을 사랑하고 싶어서 이 영화를 찍었다'던 감독의 메시지처럼.

TMI　자링은 영화의 리얼리티를 위해 일 년간 대중 앞에 모습을 드러내지 않았다고 한다. 그리고 촬영 전에 약 105kg이었던 체중을 전문적인 복싱 트레이닝을 통해 50kg대 중반으로 줄였다.

昊坤: 要不然咱提前结束吧?

杜乐莹: 不，我能打完，我要打完。

要不然 [yàobùrán] 그렇지 않으면, 아니면 (~하는 게 어때?)

咱 [zán] 우리 | 提前 [tíqián] 예정보다 일찍

结束 [jiéshù] 끝나다, 종결하다 | 能 [néng] ~할 수 있다

하오쿤 : 우리 그냥 일찍 기권하죠?

두러잉 : 아뇨, 저 끝까지 할 수 있어요. 끝까지

할래요.

打 [dǎ] (게임, 놀이 등을) 하다 | 完 [wán] 끝마치다

要 [yào] ~하려고 한다

말할 수 없는 비밀

不能说的秘密

　천재 뮤지션 '저우제룬'이 각본, 감독, 주연, 음악까지 모두 맡아 화제가 된, 말이 필요 없는 명작이다. 우리나라에서도 리메이크되었지만, 원작 특유의 아련한 감동은 독보적이다. 특히 예술고등학교를 배경으로 펼쳐지는 피아노 배틀 장면은 지금도 유튜브 조회수가 계속해서 오를 만큼 압권이다.

　피아노 천재 상륜과 신비로운 소녀 샤오위의 풋풋한 첫사랑과 두 사람의 피아노 연주, 그리고 대만의 여름을 그대로 담아낸 싱그럽고 푸른 영상미까지 그야말로 대만 감성의 총집합체라 할 만하다.

감독 : 저우제룬
주연 : 저우제룬 (주걸륜), 구이룬메이 (계륜미)
개봉 : 2007년
장르 : 로맨스, 판타지, 드라마
OTT : Coupang Play, Disney+, Netflix, TVING, WATCHA, Wavve

초중반까지는 청춘 로맨스물처럼 보이나 후반부에 타임슬립과 함께 드러나는 반전이 이 영화의 포인트. 개봉한 지 거의 20년이 된 지금도 한국과 중국의 주요 사이트에서 높은 평점을 유지하고 있는 전설적인 작품이다.

TMI 중화권 최고의 가수였던 저우제룬이 처음 감독을 맡는다고 했을 때, '가수가 얼마나 잘 만들겠냐'는 우려가 있었다고 한다. 하지만 영화 개봉 후 '각본, 연출, 연기, 음악까지 완벽했다'는 극찬을 받으며 평단의 우려를 완전히 종식시켰다.

不管我们能不能见面，
不管你会不会忘了我，
我只想告诉你一个秘密，我爱你。

不管 [bùguǎn] ~에 관계없이 | 见面 [jiànmiàn] 만나다

忘 [wàng] 잊다 | 只 [zhǐ] 오직, 단지 | 想 [xiǎng] ~하고 싶다

우리가 다시 만나지 못한다 해도

네가 날 잊는다 해도

한 가지 비밀만은 말해주고 싶어. 널 사랑해.

告诉 [gàosu] 알리다 | 一个 [yí gè] 하나

秘密 [mìmì] 비밀 | 爱 [ài] 사랑하다

인생

活着

　　한국에는 '인생'이라는 제목으로 알려져 있으나 원제는 '산다는 것'이라는 뉘앙스를 갖는다. 즉, 제목 그대로 어떤 비극 속에서도 기어이 살아나가는 생명력을 그렸다. 1994년 칸 영화제에서 개봉해 심사위원 대상을 받았으나, 정작 중국에서는 개봉 금지 처분을 받았다. 그럼에도 불구하고 30년이 지난 지금까지 '인생 영화'로 말하는 사람들이 많을 만큼 불멸의 명작으로 남았다.

　　부잣집 도련님이었으나 한량에 가까운 주인공 푸구이의 삶은 더없이 굴곡지다. 국공내전, 대약진 운동, 문화대혁명 등 중국의 근현대사를 배경으로 역사의 소용돌이가 개인의 삶에 어떤 풍파

감독 : 장이머우
주연 : 거유 (갈우), 궁리 (공리)
개봉 : 1994년
장르 : 드라마, 가족, 역사
원작 : 위화 동명 소설
OTT : Coupang Play, WATCHA, Wavve

를 몰고 오는지 낱낱이 보여주는 인물이다. 역사의 거대한 수레바퀴 아래서 짓밟히고 깨지기도 하지만, 푸구이 부부와 가족들은 다시 일어나 타인을 용서하고 위로하면서 살아간다. 인생이란 모든 비극을 견디고 때로는 웃어 넘겨가면서 어떻게든 살아내는 것임을 묵묵히 증명해 보인다. 드라마 〈폭싹 속았수다〉에서 그랬듯 '살민 살아진다'고.

TMI 원작 소설과 영화의 주제 의식은 같지만, 결말은 다소 다르다. 감독은 소설의 비극이 너무 가혹해 따뜻한 각색을 택했다고 말한 바 있다. 반드시 원작 소설과 영화를 모두 보길 추천한다.

春生，你记着，
你还欠我们家一条命呢。
你得好好活着！

记 [jì] 기억하다 | 还 [hái] 아직

欠 [qiàn] 빚지다 | 我们家 [wǒmen jiā] 우리 집

춘성,

우리 집에 목숨 하나 빚졌다는 거 잊지 마.

그러니 잘 살아가야 해!

一条命 [yì tiáo mìng] 목숨 하나 | 得 [děi] ~해야 한다

好好 [hǎohǎo] 잘, 제대로 | 活着 [huózhe] 살아가다

이별계약

分手合约

고등학교에서 처음 만난 차오차오와 리싱은 오랜 연인 사이다. 대학 졸업을 앞두고 리싱이 청혼을 하지만, 차오차오는 물질적인 조건이 부족하다는 핑계로 청혼을 거절한다. 대신 '5년 후에도 서로가 싱글이라면 결혼하자'는 이별 계약을 맺은 채 각자의 길을 걸어간다. 그러나 5년 뒤, 차오차오는 뜻하지 않게 리싱의 결혼 소식을 듣게 된다. 깜짝 놀라 리싱을 찾아가는 차오차오. 과연 두 사람의 인연은 어떻게 될까? 그들의 이별 계약은 유효할까?

중국 자본이 들어가고, 중국 배우들이 출연한 중국 영화지만, 한국인 감독이 메가폰을 잡았다.

감독 : 오기환
주연 : 바이바이허(백백하), 펑위옌(팽우안)
개봉 : 2013년
장르 : 로맨스, 드라마
OTT : Coupang Play, TVING, WATCHA

213   개봉 이틀 만에 제작비 전액을 회수하고, 한중 합
작 영화 사상 최초로 매출액 1억 위안(약 180억
원)을 돌파하며 역대 최고의 흥행 수익을 기록한
것으로 알려진다. 시한부 설정 같은 클리셰가 등
장하지만, 배우 바이바이허와 펑위옌의 섬세하고
애절한 연기가 몰입을 이끈다. 순수하고 애틋한
사랑 이야기가 그리운 날 추천하는 작품이다.

我 觉 得，
人 们 分 开 总 有 一 些 原 因，
不 过 有 些 人， 你 应 该 等。

觉得 [juéde] ~라고 느끼다 ｜ 人们 [rénmen] 사람들

分开 [fēnkāi] 헤어지다 ｜ 总 [zǒng] 늘, 항상

有 [yǒu] 있다 ｜ 一些 [yìxiē] 약간, 여러 가지

사람이 헤어지는 데에는

다 그만한 이유가 있겠지만,

기다려줘야 하는 사람도 있는 거야.

原因 [yuányīn] 이유, 원인 ㅣ 不过 [búguò] 하지만

有些 [yǒuxiē] 어떤 ㅣ 人 [rén] 사람

应该 [yīnggāi] 마땅히 ~해야 한다 ㅣ 等 [děng] 기다리다

청춘적니

我要我们在一起

　한국에서는 '청춘적니'라는 제목으로 개봉했으나 원제의 뜻은 '우리가 함께했으면 좋겠어'다. 더우반에서 수천 만 조회수를 기록한 장문의 게시물이 영화로 탄생했다.

　문제아 뤼친양과 모범생 링이야오. 학창 시절을 지나 성인이 된 두 사람은 각각 건설 현장 감독이 된 남자와 엘리트 코스를 밟는 여자가 되어 현실의 벽 앞에 선다. 냉혹한 현실에도 불구하고 사랑을 믿으며 동거를 시작하지만, 생활고는 사랑만으로 해결되지 않고 끝없이 밀려드는 불행은 둘을 시험대에 오르게 만든다. 이어지는 기나긴 이별, 그리고 마지막 재회를 시도하는 두 사람. 과

감독 : 사모
주연 : 취추샤오 (굴초소), 장징이 (장정의)
개봉 : 2021년
장르 : 로맨스, 청춘, 드라마
OTT : Coupang Play, Netflix, Wavve

 연 둘은 다시 만날 수 있을까?

10년이라는 세월에 걸친 한 남자의 애절한 순애보가 엔딩에서 정점을 찍는다. 영화는 로맨스를 넘어 사회 고발적인 요소를 함께 담아내며 개봉 당시 중국 박스오피스를 강타했다.

如果我死了，
不要告诉凌一尧！
如果我活着，
一定娶她为妻！

如果 [rúguǒ] 만약 ~라면 ㅣ 死 [sǐ] 죽다

不要 [búyào] ~하지 마라 ㅣ 告诉 [gàosu] 알리다

活着 [huózhe] 살아 있다 ㅣ 一定 [yídìng] 반드시

내가 죽더라도

링이야오에게 알리지 마세요.

내가 살아 있다면,

반드시 링이야오와 결혼할 겁니다.

娶 [qǔ] 장가들다 | 她 [tā] 그녀

为 [wéi] ~로 삼다 | 妻 [qī] 아내

침묵의 숲

无声

청각 장애를 가진 소년 창청이 특수학교로 전학을 온다. 차별받지 않는 유일한 낙원일 거라 믿었던 그곳에는 '게임'이라는 명목으로 벌어지는 비밀스러운 놀이가 있다. 피해자가 가해자로, 방관자가 공범으로 바뀌어가는 끔찍한 지옥, 그리고 아이들의 침묵과 어른들의 외면 속에서 비극은 걷잡을 수 없이 커진다. '소리 없음'을 뜻하는 원제 '무성(无声)'처럼 그곳에는 소리가 없다. 그러나 어쩌면 바깥세상보다 더 처절했을지 모를 그 세상만의 비명이 있다.

믿기지 않을 만큼 잔혹한 이 이야기가 2011년 대만에서 발생한 '국립 타이난 특수학교 집단 성

감독 : 커전녠
주연 : 류쯔취안(유자전), 천옌페이(진연비), 류관팅(유관정), 김현빈
개봉 : 2020년
장르 : 드라마, 사회
OTT : Coupang Play, TVING, WATCHA, Wavve

폭행 사건'을 모티브로 했다는 사실은 가히 충격적이다. 개봉 당시 대만판 〈도가니〉로 불리며 엄청난 사회적 파장을 일으켰다. 특히 가해자이자 피해자인 샤오광 역을 소름 끼치는 연기력으로 소화해 낸 인물이 한국 배우 김현빈이라는 사실이 알려지면서 크게 화제가 되었다. 대부분의 대사가 수어로 이루어져 귀로 들리는 중국어는 다른 작품에 비해 현저히 적지만, 그 침묵이 전하는 울림을 생각하면 충분히 볼 만한 가치가 있다.

在外面不开心，
我们就是跟别人不一样，
我常觉得我很多余。

外面 [wàimiàn] 밖, 외부 | 开心 [kāixīn] 즐겁다

跟 [gēn] ~와/과 | 别人 [biérén] 다른 사람

바깥에서는 즐겁지가 않아요.

우리는 남들과 다르니까요.

내가 쓸모없는 존재처럼 느껴질 때가 많아요.

不一样 [bù yíyàng] 다르다 | 常 [cháng] 자주

觉得 [juéde] 느끼다 | 多余 [duōyú] 쓸모없다

우리가 잃어버릴 청춘

致我们终将逝去的青春

　　원제 '치아문종장서거적청춘(致我们终将逝去的青春)'은 '결국 사라져버릴 우리의 청춘에게'라는 뜻으로, 줄여서 '지청춘(致青春)'이라고도 부른다. 〈황제의 딸〉로 유명한 배우인 자오웨이의 감독 데뷔작으로 화제가 되었으며, 중국 내 청춘물 열풍의 시발점이 된 기념비적인 작품으로 알려져 있다.

　　그러나 이 영화는 청춘을 마냥 아름답게만 그리지 않는다. 청춘이란 즐거운 기억이지만, 영원할 수 없는 찰나의 시절임을 보여준다. 그렇기에 여주인공 정웨이에게 청춘이란 씁쓸하고 아프기만 하다. 짝사랑하던 오빠 린징과 같은 대학에 가게 되었다는 기쁨도 잠시, 린징이 예고도 없이 유학

감독 : 자오웨이
주연 : 양쯔산(양자산), 자오유팅(조우정), 한경(한경)
개봉 : 2013년
장르 : 로맨스, 청춘, 로맨스
원작 : 신이우 동명 웹소설
OTT : WATCHA

을 떠나버리고, 그 대학에서 가난하지만 야망 있는 남자 천샤오정을 만나 사랑에 빠지지만 차가운 현실 앞에 결국 각자의 길을 걷게 되었으므로.

훗날 정웨이는 린징, 그리고 천샤오정과 각각 재회한다. 보통의 청춘물이라면 다시 서로를 택하며 행복한 출발을 꿈꾸겠지만, 이 영화는 다른 결말을 짓는다. 그립지만 추억은 추억으로 남겨두고, 주체적으로 자신의 삶을 다시 살아나가기 위해서.

我们一起度过了青春，
谁也不亏欠谁的。
青春就是用来怀念的。

我们 [wǒmen] 우리 | 一起 [yiqǐ] 함께 | 度过 [dùguò] 보내다

青春 [qīngchūn] 청춘 | 谁 [shéi] 누구 | 也 [yě] ~도, 역시

우린 청춘을 함께했으니까

어느 누구도 빚진 건 없는 거야.

청춘은 추억하라고 있는 거잖아.

亏欠 [kuīqiàn] 빚지다 | 用来 [yòng lái] ~하는 데 쓰다

怀念 [huáiniàn] 추억하다, 그리워하다

고독의 맛

孤味

칠순 잔칫날, 남편이 사망했다는 비보가 날아든다. 집을 나가 10년 넘게 연락 두절이었던 남편의 장례를, 그것도 자신의 생일날 치르게 된 본처 린슈잉의 이야기다. 슬퍼할 새 없이 맞은 남편의 죽음과 함께, 남편의 마지막을 지켰던 여자가 등장한다.

남자의 죽음으로 본처 린슈잉과 네 명의 딸, 그리고 남자의 내연녀로 살아야 했던 여인의 이야기가 성숙한 화해의 과정 속에서 잔잔하게 그려진다. 부부란 무엇이고, 가족이란 무엇인가에 대해 묵직한 질문을 던지면서.

대만 여성 서사의 새로운 지평을 열었다는 평

감독: 쉬청제
주연: 천수팡(진숙방), 셰잉쉬안(사영훤), 비비안 수 등
개봉: 2020년
장르: 가족, 드라마
OTT: Netflix

을 받으며, 2020년 대만에서 최고 흥행작이 되었
다. 특히 린슈잉 역을 맡았던 배우 천수팡은 이 작
품으로 대만 금마장 영화제에서 역대 최고령으로
여우주연상을 거머쥐었다. 타이난의 풍광과 장례
문화 등 이색적인 볼거리도 풍성한 영화다.

TMI 원제 '고미(孤味)'는 본래 대만 방언으로, 식당에서 오직 한 가지 요
리만을 전문적으로 파는 장인 정신을 뜻한다. 동시에 비록 고독할지
라도 자신이 선택한 일에 전념해 완벽하게 해내는 것, 나만의 길을
묵묵히 가는 삶의 태도를 상징하기도 한다.

人真的很奇怪，
明明知道对自己有害的，
还是会一直去做。

人 [rén] 사람 | 真的 [zhēnde] 정말로 | 奇怪 [qíguài] 이상하다

明明 [míngmíng] 뻔히, 분명히 | 知道 [zhīdào] 알다

사람이란 참 희한해.

자신한테 해가 된다는 걸 뻔히 알면서도

계속하잖아.

对 [duì] ~한테, ~에게 ┃ 有害 [yǒu hài] 해롭다

还是 [háishi] 여전히 ┃ 一直 [yìzhí] 계속 ┃ 做 [zuò] 하다

여름날의 레몬그라스

夏日的柠檬草

　전교생이 다 알 만큼 밝고 당찬 여학생 샤오샤와 그 옆을 지키는 남학생 유쯔(OTT에서는 '유자'로 표기)는 가족만큼 가까운 소꿉친구 사이다. 친구들은 둘을 부부라고 놀리지만, 두 사람은 죽마고우의 관계를 지킨다.

　그러던 어느 날, 샤오샤가 전학생 청이에게 마음을 빼앗긴다. 청이의 사랑을 쟁취하려 애쓰는 샤오샤를 보며 유쯔는 미묘한 감정을 느끼기 시작한다. 레몬처럼 싱그럽지만 톡 쏘는 10대 청춘의 사랑 전쟁, 과연 그 끝엔 무엇이 있을까? 제목부터 여름 향기가 물씬 느껴지는, 대만 감성 가득한 청춘 로맨스 영화다.

감독 : 라이멍제

주연 : 리무 (이목), 러우쥔쉬 (루준석), 차오유닝 (조우녕)

개봉 : 2024년

장르 : 로맨스, 청춘, 코미디

원작 : 마키아토 동명 웹소설

OTT : Netflix

　　복잡한 서사나 갈등보다는 대만 청춘물 특유의 풋풋한 정서에 집중한 작품이다. 특히 영화의 주 배경이 된 대만 남부 항구 도시 가오슝의 맑은 하늘과 눈부신 햇살, 푸르른 바다 덕에 청량한 대만의 여름을 한껏 만끽할 수 있다.

他曾走进我的青春里，
和他在一起的短暂时光，
是我人生最开心的时刻。

他 [tā] 그, 그 사람 ｜ 曾 [céng] 이전에

走进 [zǒu jìn] 걸어 들어오다 ｜ 青春 [qīngchūn] 청춘

里 [lǐ] 속, 안 ｜ 在一起 [zài yìqǐ] 함께하다

그 아이가 나의 청춘으로 걸어 들어와

함께 보냈던 그 짧은 시절이

내 인생의 가장 행복한 순간이었다.

短暂 [duǎnzàn] 짧다 | 时光 [shíguāng] 시절, 시간

人生 [rénshēng] 인생 | 最 [zuì] 가장, 최고

开心 [kāixīn] 즐겁다 | 时刻 [shíkè] 순간

만천과해

瞒天过海

유명한 사업가의 아내 조안나는 내연남과 밀회 중 내연남이 살해당하자 유력한 용의자로 지목된다. 그리고 부패한 형사 정웨이가 조안나를 찾아가 무죄를 입증해 주겠다며 거래를 제안한다. 무죄 입증까지 주어진 시간은 단 두 시간. 정웨이는 과연 조안나의 무죄를 밝힐 수 있을까?

복잡한 구성과 치밀한 심리전 속에서 반전의 반전이 꼬리를 물며 눈을 뗄 수 없게 만든다. 정웨이가 조안나를 찾아갈 수밖에 없었던 충격적인 진실과 수많은 관객을 놀라게 했던 반전은 영화 후반부에서 볼 수 있다.

〈상견니〉에서의 다정한 쉬광한을 기억하는 팬

감독 : 천춰
주연 : 장쥔닝(장균녕), 쉬광한(허광한)
개봉 : 2023년
장르 : 범죄, 스릴러, 드라마
원작 : 스페인 영화 〈인비저블 게스트(The Invisible Guest)〉
OTT : Coupang Play

들은 이 영화를 보고 쉬광한이 '얼굴을 갈아 끼웠다'고 표현했다. 탐욕스럽고 부패한 경찰로 완벽하게 변신해서다. 그의 연기 변신과 함께 반전에 반전을 거듭하는 스토리 덕에 '진짜 잘 만든 리메이크작'이라는 평을 받았다.

TMI　제목 '만천과해'는 중국 병법서 『36계(三十六計)』 중 제1계에 나오는 고사성어다. '하늘을 속여 바다를 건넌다'는 뜻. 즉, 용의주도하게 상대를 속여 목적을 달성하는 것을 말한다. 이 영화 전체를 관통하는 핵심 트릭이기도 하다.

你根本想不到，
我们穷人能够为家人做什么，
家人就是我的所有。

根本 [gēnběn] 전혀, 근본적으로

想不到 [xiǎngbudào] 생각지도 못하다

穷人 [qióngrén] 가난한 사람 | 能够 [nénggòu] 충분히 ~할 수 있다

당신은 상상도 못할 거야,

우리처럼 가난한 사람들이 가족을 위해 무슨 짓

까지 할 수 있는지. 가족은 내 전부거든.

为 [wèi] ~을 위하여 ㅣ 家人 [jiārén] 가족, 집안 식구

做什么 [zuò shénme] 무엇을 하다

所有 [suǒyǒu] 모든 것, 소유

모어 댄 블루

比悲伤更悲伤的故事

병으로 세상을 떠난 아버지와 자신을 버린 어머니 때문에 외로운 남자 케이, 그리고 사고로 부모를 잃고 고아가 된 크림. 고등학생 때 처음 만난 두 사람은 10년 넘게 친구이자 가족, 때로는 연인 같은 존재로 살아간다. 아버지로부터 유전된 백혈병을 숨기고 지내던 케이는 어느 날 병이 악화되어 시한부 선고를 받는다. 혼자 남겨질 크림이 걱정되자, '좋은 남자와 맺어줘 행복을 선물하고 떠나겠다'는 슬픈 계획을 세운다. 과연 그 계획은 이루어질 수 있을까? 이것이 크림에게 정말 행복한 선물인 걸까?

〈모어 댄 블루〉는 사랑하기 때문에 가장 소중한

감독 : 린샤오첸
주연 : 류이하오 (류이호), 천이한 (진의함)
개봉 : 2018년
장르 : 로맨스, 드라마
원작 : 한국 영화 〈슬픔보다 더 슬픈 이야기〉
OTT : Wavve

241 사람을 기꺼이 떠나보내고자 했던 한 남자의 헌신, 그리고 그 뒤에 숨겨진 반전을 그린 영화다. 눈물 쏙 빼는 가슴 먹먹한 이야기와 수채화 같은 영상미, 배우들의 절절한 연기가 조화를 이루며 사랑의 본질을 묻는다. 한국 영화 〈슬픔보다 더 슬픈 이야기〉에 대만 감성을 얹어 리메이크한 작품으로, 대만뿐만 아니라 중국에서도 엄청난 흥행을 기록하며 대만 로맨스 영화의 저력을 증명했다.

TMI   영화의 인기에 힘입어 2021년에는 넷플릭스 오리지널 드라마 〈모어 댄 블루 : 더 시리즈〉로 제작되기도 했다.

爱情如果可以解释的话，
那世界上就不会有人因此而痛苦了。

爱情 [àiqíng] 사랑 | 如果~的话 [rúguǒ~dehuà] 만약 ~한다면

可以 [kěyǐ] ~할 수 있다 | 解释 [jiěshì] 설명하다, 해석하다

那 [nà] 그러면, 그렇다면

사랑이 말로 설명될 수 있는 거라면,

이 세상에 사랑 때문에 아픈 사람은 아무도 없

을 거야.

世界 [shìjiè] 세상, 세계 | 不会 [búhuì] ~하지 않을 것이다

因此 [yīncǐ] 이 때문에, 이로 인하여 | 痛苦 [tòngkǔ] 고통스럽다

아호, 나의 아들

阳光普照

　모범생으로 집안의 기대를 한 몸에 받고 있는 장남 아하오와 늘 사고만 치는 골칫덩어리 동생 아허. 운전 강사로 일하는 아버지는 누군가 ‘자식이 몇 명이냐’고 물으면 언제나 ‘하나뿐’이라고 답한다. 사고뭉치 둘째 아들은 아예 없는 자식이나 마찬가지다.

　안 그래도 긴장감이 돌던 이 가정에 아허의 소년원 수감과 여자 친구의 임신, 그리고 믿었던 장남 아하오의 자살까지 비극이 잇따른다. 그러나 아버지는 주저앉지 않는다. 영화에 몇 번이고 등장하던 사훈 ‘순간을 놓치지 말고, 방향을 잡아라’처럼 때를 놓치지 않고 가족을 위해 삶의 핸들을

감독 : 중멍훙
주연 : 천이원 (진이문), 커슈친 (가숙근), 우젠허 (무건화)
개봉 : 2019년
장르 : 범죄, 가족, 드라마
OTT : Netflix

 다시 잡는다.

2019년 대만 금마장 영화제에서 6관왕을 휩쓸며 그해 최고의 영화로 등극한 작품이다. 150분이 넘는 러닝 타임과 빠르지 않은 화면 전개, 무게감 있는 분위기가 특징이므로 여유로운 시간에 숨을 길게 고르며 감상하기를 추천한다.

TMI 〈상견니〉의 주인공 쉬광한이 장남 아하오로 등장한다. 상견니에서의 청량한 모습과 달리 이 영화에서는 우울하고 섬세한 내면 연기를 선보였다.

人生就是不断地把握时间，
掌握方向。
难过的事情总会过去，
也会被遗忘。

人生 [rénshēng] 인생 | 不断地 [búduàn de] 끊임없이

把握 [bǎwò] 움켜잡다 | 时间 [shíjiān] 시간

掌握 [zhǎngwò] 장악하다, 파악하다 | 方向 [fāngxiàng] 방향

인생이란 끊임없이 순간을 놓치지 않고

방향을 잡으며 나아가는 겁니다.

괴로운 일도 결국은 지나가고,

잊히기 마련이니까요.

难过 [nánguò] 괴롭다, 슬프다 | 总会 [zǒnghuì] 결국 ~할 것이다

过去 [guòqù] 지나가다 | 遗忘 [yíwàng] 잊다

산사나무 아래

山楂树之恋

1970년대, 문화대혁명이라는 혼란의 시기에 있었던 실화를 바탕으로 만들어진 영화다. 아버지가 정치범으로 투옥된 후, 교사가 되어 집안을 일으켜야 한다는 짐을 짊어진 여고생 징추와 농촌에서 지질 탐사 중이던 청년 순젠신, 두 사람의 순수하고도 애절한 사랑 이야기다.

원래는 하얀 꽃이 피지만, 항일 전쟁 영웅들의 피가 스며 붉은 꽃이 핀다는 산사나무는 두 사람의 지고지순한 사랑의 상징이었다. 꽃이 피면 산사나무를 보러 가자던 둘의 약속은 끝내 지켜지지 못했지만, 순젠신은 산사나무 아래에 묻혀 영원히 징추를 기다린다.

감독 : 장이머우
주연 : 저우동위 (주동우), 더우샤오 (두효)
개봉 : 2010년
장르 : 로맨스, 드라마
원작 : 아이미 소설 『산사나무의 사랑』
OTT : Coupang Play, TVING, WATCHA, Wavve

249 　 '평생 너를 기다리겠다'는 유언 하나로 관객을 울린 이 작품은 영화 〈소년시절의 너〉, 〈안녕, 나의 소울메이트〉의 주연 배우 저우동위의 데뷔작이기도 하다. 맑고 순수한 첫사랑의 원형 같은 그녀의 앳된 모습을 볼 수 있다.

TMI　영화 속에 등장하는 산사나무는 실제로 후베이성 이창 (宜昌)에 있는데, 영화의 인기로 관광 명소가 되었다. 여전히 사랑을 약속하는 장소로 연인들이 찾아간다.

我不能等你一年零一个月了，
也不能等你到二十五岁了，
但是我会等你一辈子。

不能 [bùnéng] ~할 수 없다 | 等 [děng] 기다리다

一年零一个月 [yì nián líng yí gè yuè] 일 년 일 개월

到 [dào] ~까지

나는 널 일 년 일 개월도,

네가 스물다섯 살이 되는 날까지도 기다릴 수 없어.

하지만 평생 너를 기다릴게.

二十五岁 [èrshíwǔ suì] 스물다섯 살 | 但是 [dànshì] 하지만

会 [huì] ~할 것이다 | 一辈子 [yíbèizi] 평생

폭포

瀑布

〈아호, 나의 아들〉로 세계적인 찬사를 받은 중멍훙 감독이 만든 또 하나의 수작이다. 〈아호, 나의 아들〉에서와 마찬가지로 가족 간의 긴장감과 치유의 서사를 서늘하고도 따뜻한 시선으로 풀어냈다.

코로나19 팬데믹으로 온 세상이 멈춰버린 시기. 커리어 우먼이자 싱글맘인 핀원은 자가 격리 대상자가 된 사춘기 딸 샤오징과 함께 아파트에 갇혀 지내게 된다. 회사의 임금 삭감, 경제적인 압박, 이혼의 상처, 그리고 집에서 벌어지는 딸과의 갈등. 핀원은 급기야 정체를 알 수 없는 환각에 시달리며 마음의 병을 얻는다.

감독 : 중멍훙
주연 : 자징원(가정문), 왕징(왕정)
개봉 : 2021년
장르 : 가족, 드라마
OTT : Netflix

253 무너져 가는 엄마를 보며 딸은 깨닫는다. 이제 엄마를 지켜줄 사람은 자신뿐이라고. 폭포수처럼 쏟아지는 거센 시련 속에서 서로를 구원하는 엄마와 딸의 이야기가 뭉클하다.

每个人都有难堪的过去，
只是大小不同而已。
而且… 未来会怎样，
也没有人知道。

每个人 [měi gè rén] 모든 사람 | 难堪 [nánkān] 감당하기 어렵다

过去 [guòqù] 과거 | 只是 [zhǐshì] 단지 ~일 뿐이다

大小 [dàxiǎo] 크기 | 不同 [bùtóng] 다르다

누구나 견디기 힘든 과거가 있죠.

크기만 다를 뿐.

게다가… 미래가 어떻게 흘러갈지는

아무도 모르는 거잖아요.

而已 [éryǐ] ~일 뿐이다 ㅣ 而且 [érqiě] 게다가 ㅣ 未来 [wèilái] 미래

怎样 [zěnyàng] 어떠하다 ㅣ 没有 [méiyǒu] 없다

知道 [zhīdào] 알다

사라진 그녀

消失的她

    결혼기념일을 맞아 동남아시아로 여행을 떠난 부부. 행복해야 할 여행지에서 아내가 갑자기 사라진다. 남편 허페이는 아내를 찾아다니다 경찰에 신고하지만, 현지 경찰은 부부의 일이라며 대수롭지 않게 여긴다.

    아내가 사라진 지 보름째 되던 날, 아침에 눈을 뜨니 옆에 낯선 여자가 누워 있다. 심지어 여자는 자기가 사라진 아내 리무쯔라고 주장하는 상황! 혼란에 빠진 남편은 그때부터 진짜 아내의 흔적을 찾아 나서고, 변호사 천마이가 진실을 함께 추적하기 시작한다. 과연 진짜 아내는 어디로 갔을까? 아내 행세를 하는 낯선 여자와 미스터리한 변

감독: 추이루이, 류샹
주연: 주이룽 (주일룡), 만윙샨 (문영산), 니니 (예니)
개봉: 2023년
장르: 스릴러, 범죄
원작: 러시아 영화 〈트랩 포 어 론리 맨(Trap for a Lonely Man)〉
OTT: Netflix

호사의 정체는 대체 무엇일까? 영화 후반부, 누구도 예상치 못한 대반전이 펼쳐진다.

충격적인 설정의 이 영화는 2019년 태국에서 있었던 어느 중국인 부부의 사건을 모티브로 했다는 사실이 알려지며 큰 파장을 일으켰다. 돈과 욕망은 한 인간을 어디까지 타락시킬 수 있을까? 처음부터 끝까지 긴장을 놓을 수 없는 스릴러 영화다.

我相信你跟李木子的相遇是偶然。
但你敢保证这之后发生的一切
都只是巧合吗？

相信 [xiāngxìn] 믿다 | 相遇 [xiāngyù] 서로 만나다

偶然 [ǒurán] 우연 | 但 [dàn] 하지만 | 敢 [gǎn] 감히 ~하다

保证 [bǎozhèng] 장담하다 | 之后 [zhīhòu] 후, 뒤

당신과 리무쯔가 만난 건 우연이었다고 치죠.

하지만 그 후에 벌어진 일도

그저 우연의 일치라고 장담할 수 있어요?

发生 [fāshēng] 발생하다 | 一切 [yíqiè] 일체

只是 [zhǐshì] 단지 ~일 뿐이다 | 巧合 [qiǎohé] 우연히 일치하다

또 한 번의 여름

盛夏未来

수능을 코앞에 두고 부모의 이혼과 엄마의 비밀 연애를 알게 된 우등생 천천. 자신 때문에 억지로 한집에서 사는 부모를 보며 일부러 마지막 과목의 답안지를 백지로 낸다. 그리고 쏟아지는 추궁에 같은 학교 남학생 정위싱과 연애하다 헤어져서 시험을 망쳤다고 거짓말을 해버린다. 홧김에 던진 그 말 한마디가 두 사람의 여름을 송두리째 바꾼다.

가정의 붕괴를 막고 싶었던 소녀와 실연의 상처로 미래를 잃어버린 소년은 거짓말로 엉겁결에 시작된 관계를 통해 서로의 비밀과 진심을 털어놓으며 잃어버린 '나'를 찾아나간다. 짙은 여름 공기 속에서 영화는 모든 청춘을 향해 말한다. 미숙

감독: 천정다오
주연: 장쯔펑(장자풍), 우레이(오뢰)
개봉: 2021년
장르: 로맨스, 청춘, 드라마
OTT: Netflix

하고 서툴러도 괜찮다고, 실패해도 우리의 청춘은 여전히 찬란하다고.

영화는 틱톡(더우인)과 전자음악EDM이라는 Z세대의 코드를 수시로 등장시키며 입시, 가족 문제 등 현실적인 소재를 세련되게 엮어냈다. 여름, 청춘, 사랑과 우정, 그리고 그들의 성장을 잘 그려낸 영화다.

TMI 표면적으로는 하이틴 로맨스처럼 보이지만, 그 이면에는 퀴어 코드가 숨겨져 있다는 해석이 지배적이다. (검열을 피하기 위해 은유적으로 표현했다는 것.) 실제로 남자 주인공 정위싱이 잊지 못해 괴로워하는 전 연인 밍은 처음부터 끝까지 뒷모습과 실루엣으로만 등장하는데, 많은 관객과 평론가들이 밍의 정체를 남자로 해석한다.

陈辰: 你说未来什么时候来啊?

郑宇星: 如果此时此刻，

你喜欢的人刚好也喜欢你，

那么现在就是未来。

未来 [wèilái] 미래 | 什么时候 [shénme shíhou] 언제

来 [lái] 오다 | 如果 [rúguǒ] 만약 ~라면

此时此刻 [cǐshí cǐkè] 지금 이 순간 | 喜欢 [xǐhuan] 좋아하다

천천 : 미래는 언제 올까?

정위싱 : 지금 이 순간,

네가 좋아하는 사람이 마침 널 좋아한다면,

지금이 바로 미래겠지.

人 [rén] 사람 | 刚好 [gānghǎo] 마침

也 [yě] ~도, 역시 | 那么 [nàme] 그러면

现在 [xiànzài] 지금, 현재 | 就是 [jiùshì] 바로 ~이다

역병

疫起

흉부외과 의사 샤정의 퇴근길, 갑자기 병원의
모든 출입구가 봉쇄된다. 원인 불명의 전염병 확
산을 막기 위해 정부가 병원을 통째로 격리한 것
이다. 그때부터 병원은 순식간에 바이러스 지옥
이 되고, 의료진과 환자들은 죽음의 공포에 빠진
다. 영화는 재난 상황에서 드러나는 인간의 다양
한 민낯을 보여준다. 의사이기 전에 사람이기에
공포를 느끼는 의사, 사명감을 가지고 환자 곁을
지키는 간호사, 특종을 위해 잠입했다가 참상을
목격하고 펜을 드는 기자까지.

대만 사회파 드라마의 거장으로 불리는 린쥔양
감독이 2003년 사스 SARS 당시에 있었던 '허핑 병

감독: 린쥔양
주연: 왕보제(왕백걸), 쩡징화(증경화), 샹제루(항첩여)
개봉: 2023년
장르: 재난, 의학, 드라마
OTT: Netflix

원 봉쇄 사건'을 모티브로 만든 영화다. 코로나19 팬데믹을 겪은 직후 공개되면서 '재난 속 연대'의 의미를 묻는 작품으로 좋은 평가를 받았다. 감독은 영화의 원제 '이치(疫起)'를 두고 '전염병이 시작됐다'는 뜻도 있지만 '함께'라는 뜻을 가진 단어 '이치(一起)'와 발음이 같아 중의적인 의미가 있다고 말했다. 역병이 일어나는 순간에도 우리는 '함께' 버텨야 하고, 또 '함께' 이겨낼 수 있다는 메시지를 전하며.

TMI 허핑 병원 봉쇄 사건: 2003년 4월, 타이베이 시립 허핑 병원에서 사스 환자가 발생하자 당국이 예고 없이 병원을 전면 봉쇄했다. 당시 약 1,300명이 병원에 갇히고, 봉쇄 기간 동안 150명 이상이 감염되었으며, 자살한 환자를 포함해 30명 이상이 사망한 것으로 알려진다.

医护的工作本来就有风险。
病毒很可怕，我也怕。
我们医护要做的就是救人，
把人救活才是我们应该做的事情。

医护 [yīhù] 의료진 ｜ 工作 [gōngzuò] 일, 직업

本来 [běnlái] 원래, 본래 ｜ 风险 [fēngxiǎn] 위험

病毒 [bìngdú] 바이러스 ｜ 可怕 [kěpà] 무섭다 ｜ 救 [jiù] 구하다

의료진 일이라는 게 원래 위험한 거잖아요.

바이러스 무섭죠, 나도 무서워요.

그래도 우리가 할 일은 사람을 구하는 거예요.

사람을 살리는 게 우리가 해야 될 일이라고요.

救活 [jiùhuó] 구해서 살려내다 | 才 [cái] 비로소

应该 [yīnggāi] 마땅히 ~해야 한다 | 事情 [shìqing] 일, 사건

도수설애니

倒数说爱你

어린 시절 단짝이었던 위쉬안과 수옌. 성인이 되어 재회한 두 사람은 연인이 되어 행복한 나날을 보낸다. 그러나 예기치 못한 사고로 수옌이 세상을 떠나자 위쉬안은 절망에 빠진다.

위쉬안은 수옌이 남긴 케이크에 어릴 적 추억이 담긴 초를 꽂고 간절한 마음을 담아 촛불을 끈다. 그러자 놀랍게도 사고 당일 아침으로 시간이 되돌아간다. 그때부터 위쉬안은 수옌의 죽음을 막기 위해 필사적으로 애를 쓰지만, 번번이 실패로 돌아간다. 이제 남은 양초는 하나. 과연 그의 바람은 이루어질 수 있을까? 진정한 사랑은 결국 숙명을 이겨낼 수 있는 걸까?

감독 : 린샤오첸
주연 : 천페이위 (진비우), 저우예 (주야)
개봉 : 2023년
장르 : 로맨스, 판타지
OTT : Coupang Play, TVING, WATCHA, Wavve

<상견니> 이후 중화권에 새롭게 떠오른 트렌드인 '타임루프' 소재에 첫사랑 서사를 녹였다. 타임루프물의 클리셰를 따르면서도 남자 주인공의 헌신적인 사랑과 후반부의 묵직한 감정선이 돋보이는 작품이다. 배우 천페이위와 저우예의 비주얼 합이 개봉 전부터 크게 화제가 되면서 '비주얼 맛집'으로 불리기도 했다.

如果雨轩可以好好地
活在这个世界上，
我愿意，我们从来就，
从来就不曾重逢，
从来就不曾相爱过。

如果 [rúguǒ] 만약 ｜ 可以 [kěyǐ] ~할 수 있다

好好地 [hǎohǎo de] 무사히, 잘 ｜ 活 [huó] 살다

世界 [shìjiè] 세상, 세계 ｜ 愿意 [yuànyì] 원하다

위쉬안이 이 세상에서

무사히 살아갈 수만 있다면,

우리의 재회가, 우리의 사랑이

전부 없던 일이 된다 해도 좋아요.

从来 [cónglái] 지금까지 ㅣ 不曾 [bùcéng] ~한 적이 없다

重逢 [chóngféng] 재회하다 ㅣ 相爱 [xiāng'ài] 서로 사랑하다

숨통을 조이는 사랑

爱的噩梦

사랑은 그저 순수하고 아름다운 것일까? 나의 이상형에 딱 맞는 완벽한 연인이란 존재할까? 집착과 통제가 사랑을 덮칠 때, 둘의 관계는 어떤 파국으로 치닫게 될까? '사랑의 악몽(爱的噩梦)'이라는 뜻의 원제에서 알 수 있듯, 이 영화는 집착과 통제로 사랑이 악몽으로 변해가는 이야기를 그린다.

첫눈에 반한 여자 바이자치와 꿈에 그리던 연애를 시작한 남자. 하지만 그녀는 채식주의자이자 환경운동가에 독실한 기독교인이며 완벽주의자인 데다가 남자를 지나치게 통제하려 한다.

그러던 어느 날, 자유를 갈망하던 남자의 소원이 이루어진다. 꿈과 현실 사이 그 어딘가에서 자

감독 : 랴오밍이
주연 : 샹제루 (항첩여), 린보훙 (임백굉), 셰신잉 (사흔영)
개봉 : 2024년
장르 : 로맨스, 스릴러, 드라마
OTT : Netflix

273 신에게 모든 것을 맞춰주는 새로운 여자의 등장
으로 기묘한 판타지를 경험하게 되는데…. 과연
이 여자의 정체는 무엇일까? 주인공은 진정한 사
랑의 의미와 삶의 자유를 되찾을 수 있을까?

TMI 랴오밍이 감독은 '아이폰 시네마의 장인'이다. 전작 〈괴짜들의 로맨
스〉를 아이폰 XS Max로 촬영해 아시아 최초의 아이폰 영화라는 기
록을 세웠고, 〈숨통을 조이는 사랑〉은 아이폰 15 Pro Max를 사용해
촬영했다.

想要成就一件美好的事，
你就得先忍受一百件不美好的事。
就跟小baby一样啊，
你想看他一个笑，
就得先忍受他。

想要 [xiǎngyào] ~하고 싶다 | 成就 [chéngjiù] 이루다

美好 [měihǎo] 행복하다, 아름답다 | 得 [děi] ~해야 한다

행복한 일을 하나 이루려면,

먼저 그렇지 못한 백 가지 일을 견뎌야 합니다.

아기도 그렇잖아요.

아기가 웃는 걸 한 번 보려면,

먼저 (울음소리부터) 견뎌야 하죠.

先 [xiān] 먼저 | 忍受 [rěnshòu] 견디다

小 [xiǎo] baby 아기(대만 등에서 쓰는 구어체) | 笑 [xiào] 웃음

안녕, 나의 소울메이트

七月与安生

원제는 주인공들의 이름을 그대로 딴 '칠월과 안생'이다. 열세 살 나이에 만나 단짝이 된 칠월과 안생은 살아온 환경도, 성격도 무척이나 다르지만 그림자처럼 붙어 다닌다. 그러다 열일곱이 되던 해, 그들의 끈끈한 우정 사이로 한 남자가 등장한다.

하지만 이 작품은 멜로 혹은 우정 이야기에 그치지 않는다. 관계가 깊어질수록 복잡하게 얽히는 인간의 내면과 감정의 결을 섬세하게 그려낸다. '우정'으로 시작해 '사랑'을 경험하고, '성장'을 거치다 '상실'을 만나고, '그리움'을 통과해 '재회'에 이르는 두 사람의 긴 서사.

감독: 쩡궈샹
주연: 마쓰춘 (마사순), 저우동위 (주동우)
개봉: 2016년
장르: 청춘, 멜로, 드라마
원작: 안니바오베이 동명 소설
OTT: WATCHA, Wavve

칠월이 곧 안생이고 안생이 곧 칠월이었던, 때려야 뗄 수 없는 두 사람의 이야기를 보다 보면 자연스럽게 내 인생의 누군가를 떠올리게 된다.

영화 속 우정이 영화제로 이어진 걸까. 칠월과 안생을 연기한 배우 마쓰춘과 저우동위는 2016년 대만 금마장 영화제에서 최초로 공동 여우주연상을 받았다. 2023년에는 한국에서 〈소울메이트〉로 리메이크되어 호평을 받았다.

她不是伤心安生的离开，
而是对自己感到失望，
失望没办法爱安生和爱自己一样多，
失望人生不是所有的事都能和人分享。

不是~而是~ [búshì~érshì~] ~가 아니라 ~이다

伤心 [shāngxīn] 슬퍼하다 ㅣ 离开 [líkāi] 떠나다

对 [duì] ~에게, ~한테 ㅣ 感到 [gǎndào] 느끼다

失望 [shīwàng] 실망하다 ㅣ 没办法 [méi bànfǎ] 방법이 없다

칠월은 안생이 떠나서 슬픈 게 아니라

스스로에게 실망한 것이었다.

안생을 자기 자신만큼 사랑할 수 없다는 사실에,

삶의 모든 것을 누군가와 나눌 수 없다는 사실에

실망했다.

一样多 [yíyàng duō] 똑같이 많이

所有的事 [suǒyǒu de shì] 모든 일

分享 [fēnxiǎng] 나누다, 공유하다

우리, 태양을 흔들자

我们一起摇太阳

요독증 환자 링민과 뇌종양 환자 뤼투가 만난다. 극과 극의 성격이지만 둘은 서로에게 원하는 바가 있다. 링민에게 필요한 것은 신장 이식, 그리고 뤼투는 신장 이식을 해주는 대신 자신이 죽으면 어머니를 돌봐줄 사람이 필요하다. 이 기막힌 거래를 위해 만난 두 사람은 온갖 우여곡절과 갈등 끝에 서로에게 마음을 열고 혼인 신고를 한다. 처음에는 거래를 위해 만났지만, 링민은 이제 뤼투와 오래 함께하고 싶다. 그러나 뤼투는 링민에게 신장을 주고 싶은 마음에 자신의 생명을 연장해 줄 뇌종양 수술을 포기하려 한다. 엇갈리는 두 사람의 마음. 둘의 거래는 성사될 수 있을까.

감독: 한옌
주연: 리겅시(이경희), 펑위창(팽욱창)
개봉: 2024년
장르: 로맨스, 가족, 드라마
OTT: Netflix

　　이 영화가 크나큰 감동으로 다가오는 건, 실화라는 사실 때문이다. '가장 실용적인 혼인 거래, 가장 감동적인 영원한 약속(最功利的婚姻交易, 最动情的永恒约定)'이라는 제목의 보도 기사를 모티브로 했다. 자칫 신파로 흐를 수 있는 소재지만, 후난성 창사의 낡은 골목과 서민적인 분위기를 그대로 포착해 다큐멘터리 같은 현실감을 살렸다. 날 것 같은 영상미와 담백하게 이어지는 둘의 긴 대화를 통해 감독이 전하고자 하는 메시지를 설득력 있게 담아냈다.

TMI　　모티브가 된 실화 속 두 인물은 현재 건강을 회복해 꽃집을 운영하며 평범하고 행복한 삶을 살고 있다고 한다.

我妈告诉我，
太阳每天东升西落，
也会累，也会打瞌睡。
所以我们就会碰到阴天雨天，
这个时候我们就可以用意念
把太阳摇醒。

妈 [mā] 엄마 | 太阳 [tàiyáng] 태양 | 每天 [měitiān] 매일

东升西落 [dōngshēng xīluò] 동쪽에서 떠서 서쪽으로 지다

累 [lèi] 피곤하다 | 打瞌睡 [dǎ kēshuì] 졸다 | 所以 [suǒyǐ] 그래서

엄마가 그랬어요.

태양은 매일 동쪽에서 떠 서쪽으로 지니까

피곤할 때도, 졸릴 때도 있는 거라고.

그래서 흐린 날도, 비 오는 날도 있는 거래요.

그럴 때 우리는 마음으로

태양을 흔들어 깨우면 된대요.

碰到 [pèngdào] 마주치다 | 阴天 [yīntiān] 흐린 날

雨天 [yǔtiān] 비 오는 날 | 这个时候 [zhè ge shíhou] 이때

意念 [yìniàn] 마음, 생각 | 摇醒 [yáoxǐng] 흔들어 깨우다

5월 1일

5月一号

'뮤직비디오의 대부'라고 불리는 저우거타이 감독의 작품이다. 그래서일까, 서사도 서사지만 전체적으로 영상미가 매우 아름답다. 음악부터 분위기까지 장편 뮤직비디오를 보는 기분이다. 레코드판이나 교복 등 80년대 대만의 레트로한 감성 또한 마음껏 감상할 수 있어 즐겁다.

영화는 청춘과 첫사랑을 필두로 하지만, 단순한 첫사랑 회상물은 아니다. 과거(1982년)와 현재(2013년)를 오가며 엄마 왕레이와 딸 바이의 이야기를 풀어낸다. 이혼 후, 피아노 레슨을 하며 살아가는 엄마 왕레이는 늘 어딘가 슬퍼 보인다. 그러다 예기치 못한 사고로 의식 불명 상태에 빠지고

감독: 저우거타이
주연: 자징원 (가정문), 청위시 (정여희), 런셴치 (임현제)
개봉: 2015년
장르: 로맨스, 드라마
OTT: TVING, WATCHA, Wavve

만다.

딸 바이는 우연히 엄마의 노트북을 보다가 엄마가 젊은 시절 린커밍이라는 남자에게 차마 보내지 못했던 이메일을 발견한다. 그리고 엄마인 척 이메일을 보내버린다. 린커밍과 왕레이, 두 사람은 다시 마주할 수 있을까? 엄마의 첫사랑을 대신 찾아주는 딸의 여정이 순수하고도 아름답다.

TMI 영화는 비지스의 노래 'First of May'를 핵심 테마곡으로 한다. 영화를 보기 전, 노래를 먼저 들으며 가사를 음미한다면 영화의 정서를 좀 더 깊이 이해할 수 있다.

五月初夏的天空、 阳光、
空气和雨的味道，
都还跟记忆中一样。
遗憾的是，
人可以回去原来的地方，
但怎么也回不去原来的时光。

五月 [wǔyuè] 5월 ㅣ 初夏 [chūxià] 초여름

天空 [tiānkōng] 하늘 ㅣ 阳光 [yángguāng] 햇빛

空气 [kōngqi] 공기 ㅣ 雨 [yǔ] 비 ㅣ 味道 [wèidao] 냄새, 맛

还 [hái] 여전히 ㅣ 记忆 [jiyì] 기억 ㅣ 一样 [yíyàng] 같다

5월 초여름의 하늘도, 햇살도,

공기도, 그리고 비 냄새까지

모든 게 기억 속 그대로야.

안타까운 건,

그 장소로 돌아갈 순 있어도

그 시절로는 절대 돌아갈 수 없단 사실이겠지.

遗憾 [yíhàn] 유감스럽다 ㅣ 回去 [huíqù] 돌아가다

原来 [yuánlái] 원래 ㅣ 地方 [dìfang] 장소

怎么也 [zěnme yě] 아무리 ~해도

回不去 [huíbuqù] 돌아갈 수 없다 ㅣ 时光 [shíguāng] 시절

엄마라는 집

一家之主

    '엄마라는 집'이라는 제목으로 서비스되고 있지만, 원제는 '한집안의 주인', 즉 '가장'이라는 뜻이다. '가장'하면 흔히 아빠를 먼저 떠올리나, 이 영화는 가족을 위해 헌신하며 집을 지탱해 온 엄마를 주인공으로 세웠다.

    퇴직을 앞둔 미술 교사인 60대 여성 예란신. 상상했던 우아한 노후는 온데간데없고, 그녀에게는 소파와 한 몸이 되어 입으로만 가장 노릇을 하는 남편과 실직 후 본가로 다시 들어온 딸, 그리고 치매를 앓는 친정 엄마가 있다. 비좁은 집에 정작 자신의 공간은 없다는 걸 깨닫고 더 큰 집으로 이사하려 집을 보러 다니지만, 그 과정에서 젊은 시절

감독 : 왕시제
주연 : 바오치징 (포기정), 커우스쉰 (구세훈), 커자옌 (가가연)
개봉 : 2022년
장르 : 가족, 드라마
OTT : Netflix

의 자신과 친정 엄마의 과거를 마주하며 소중한 사실 한 가지를 깨닫는다. 자신에게 정말 필요했던 것은 넓은 집이 아니라 자기 자신을 돌볼 수 있는 '마음의 방'이었다는 것을.

잔잔한 전개가 아름다운 이 영화는 공간과 인물의 심리를 세련되게 연결해 시선을 끌었다. 더불어 가부장적인 남편, 타이베이의 살인적인 집값, 노후 대책 등 현실적인 문제를 다루며 많은 이들의 공감을 얻으면서 일명 '엄마에게 전화하고 싶어지는 영화'로 불린다.

你的天是你自己创造的，
你想要它有多高它就有多高。
当有一天你的需求回到你自己身上，
丈夫就只是墙上的一幅画。

天 [tiān] 하늘 | 创造 [chuàngzào] 만들다, 창조하다

想要 [xiǎngyào] ~하고 싶다 | 多 [duō] 얼마나

高 [gāo] 높다 | 有一天 [yǒu yì tiān] 어느 날

네 하늘은 네가 스스로 만드는 거야,

네가 원하는 만큼 얼마든지 높아질 수 있지.

언젠가 네 갈망이 온전히 네 것으로 돌아오면,

남편은 벽에 걸린 그림 한 폭에 지나지 않게 돼.

需求 [xūqiú] 갈망, 요구 | 回到 [huídào] 되돌아오다

丈夫 [zhàngfu] 남편 | 只是 [zhǐshì] 단지 ~일 뿐이다

墙 [qiáng] 벽 | 幅 [fú] 폭 | 画 [huà] 그림

진링의 13소녀

金陵十三钗

1937년, 난징 대학살이라는 비극적인 역사를 배경으로 한 영화다. (제목의 '진링'은 '난징'의 옛 지명이다.) 일본군이 난징을 침략하자 도시는 순식간에 폐허가 된다. 피난을 떠나지 못한 수녀원 학교의 소녀 열세 명은 윈체스터 대성당으로 몸을 숨긴다. 그곳에 신부의 유해 수습을 위해 고용된 미국인 장의사 존 밀러, 그리고 고난 속에 피난을 온 열두 명의 기녀(妓女)가 함께 갇힌다.

순결한 소녀들과 천대받던 기녀들, 그리고 이방인. 서로 대립하던 그들은 막아설 수 없는 일본군의 마수 앞에서 생과 사의 갈림길에 선다. 그 위기 속에서 기녀들은 소녀들을 보호하기 위해 숭

감독 : 장이머우
주연 : 니니(예니), 크리스천 베일, 퉁다웨이(동대위)
개봉 : 2011년
장르 : 전쟁, 역사, 드라마
원작 : 옌거링 동명 소설
OTT : TVING, WATCHA

 고하고도 슬픈 희생을 선택한다.

영화는 학살과 전쟁의 참혹한 장면 묘사를 넘어 난징 대학살이라는 비극의 역사를 외국인과 여성의 시점으로 다뤘다. 2011년 개봉 직후 중국 박스오피스 1위에 오르며 대히트를 기록했다. 특히 할리우드 스타 크리스천 베일과 당시 신예 배우였던 니니의 강렬한 연기 호흡이 돋보이는 작품이다.

大家晓得自古以来
都说我们什么？
商女不知亡国恨，
隔江犹唱后庭花!*

* 3~4행의 대사는 당나라 시인 두목(杜牧)의 시 '박진회(泊秦淮)'의 한 구절이다.

晓得 [xiǎode] 알다 | 自古以来 [zìgǔ yǐlái] 예로부터 지금까지

商女 [shāngnǚ] 기녀 | 不知 [bù zhī] 알지 못하다

亡国恨 [wángguó hèn] 나라 잃은 슬픔

예로부터 사람들이

우리를 두고 뭐라고 했는지 알아?

천한 기녀는 망국의 한도 모른 채,

강 건너에서 노래를 부른다 했지.

隔江 [gé jiāng] 강을 사이에 두고 | 犹 [yóu] 여전히

后庭花 [hòutínghuā] 후정화

남북조 시대 진나라의 마지막 황제 진후주가 만들었다는 노래

‘옥수후정화(玉树後庭花)’

중국어 명대사 필사집

© 2026. 김소희

1판 1쇄 인쇄 2026년 3월 10일
1판 1쇄 발행 2026년 3월 30일

지은이 김소희

발행인 김태웅
책임편집 엄초롱
디자인 STUDIO 보글
마케팅 총괄 김철영
마케팅 서재욱, 오승수
온라인 마케팅 김은진
인터넷 관리 김상규
제 작 현대순
총 무 윤선미, 안서현, 박혜림
관 리 김훈희, 이국희, 김승훈, 최국호

발행처 (주)동양북스
등 록 제2014-000055호
주 소 서울시 마포구 동교로22길 14 (04030)
구입 문의 전화 (02)337-1737 팩스 (02)334-6624
내용 문의 전화 (02)337-1739 이메일 dymg98@naver.com

ISBN 979-11-7210-184-8 03720